ラファエル 著

出会って1分で好かれる
ラファエル式
最強の話し方

元トップ営業マンで
人気YouTuberの
ラファエルが伝授！

宝島社

モデルプレス 編

出会って
1分で好かれる
ラファエル式
最強の話し方

元トップ営業マン

×

人気YouTuber

ビジネスも恋愛も上手くいく！

言葉の力で億を稼ぎ出す

実績に基づいたトーク術

持ち前のトークスキルで月収120万円を稼いだ営業マン時代の私物を拝見！

スーツは営業マンの戦闘服！
真夏でもジャケットは脱がなかった

営業マン
時代に使って
いたスーツ

SUIT

ガチな
やつです

ブランド物ではなく、一般的なスーツ店で購入したものですが、スマートに見えるようにサイジングにはこだわっていました。

爽やかな見た目をつくるため
ネクタイは青系しかつけない

TIE

涼し気に
見えるでしょ?

白シャツに青系のネクタイの組み合わせは、とても清潔な印象になります。ストライプ柄やドット柄のネクタイが好みですね。

SHOES

移動の多い営業マンは履き心地のよさが最重要です

ヒモも
ポイント
やで

誠実そうに見えるので、シューズは100%ひもつきの物を選んでいました。あと、歩き疲れないよう、軽さも購入の決め手でした。

では、営業マン時代に培った
トーク術をお教えしましょう

STAFF
企　画　モデルプレス
編　集　細谷健次朗（株式会社 G.B.）
編集協力　幕田けい太
撮　影　鈴木竜太
スタイリング　佐野旬
デザイン　山口喜秀（Q.design）

衣装協力
ソメスサドル
スピックインターナショナル
ABC-MART

はじめに

就職活動のときの面接や、大好きな人との初デートなど、
緊張しすぎてしゃべれなかった経験はないだろうか？
あのとき、もっと上手く話せていればもっと別の人生が待っていたかもしれない——。
もしかしたら、そんな風に後悔している人もいるかもしれない。

ベラベラとYouTube上でしゃべりまくり、
「話し方がとても上手いですね」と言われることもある僕だが、
別に天性の才能などではない。
営業マン時代に実務経験を積み重ねたことで備わった後天的なスキルだ。
仕事が終わったあとに、話し方の練習もたくさんした。
最初に言っておきたいのだが、上手な話し方を会得するには、練習や経験が必須だ。
何の練習も、何の経験もしていないアスリートが金メダルをとれるだろうか？
いやいや、絶対に無理だろう。

では、「本書を読んだら話し方が上手くなるのか？」
という問いに僕が答える返事はＹＥＳだ。あなたは必ず話し方が上手くなる。

なぜなら、僕の実務経験から得た知識や経験、
独自のメソッドなどがふんだんに詰まっているからだ。
この本を読めば、僕がどのように話し方のスキルを
獲得したかがわかるようになっている。
営業マン時代、僕は血のにじむような努力をした。
決して大袈裟ではない。
なぜなら、唯一の武器はトークしかないのだ。
話して売って、話して売って、話して売って……の繰り返し。
営業ノルマを達成しても、翌月にはゼロからのスタート。
いま思えば地獄のような日々だった。
あなたはとてもラッキーだ。
苦労をすることなく、僕の半生を追体験できるのだから――。

二〇二一年一月　ラファエル

CONTENTS

出会って1分で好かれる
ラファエル式 最強の話し方

第3章 緊張しない人なんて絶対にいない

第5章

聞く力を養えば、話し上手になれる 131

出会って1分で好かれる
ラファエル式
最強の話し方

第1章

話し上手は、気づかいのプロフェッショナルである

BASIC EDITION

基本編

01

トーク術は100回の組手よりも1回の実戦で培うべきだ

どんなに性格がよかろうと、どんなに顔がカッコよかろうとも、モノを売れない営業マンは会社にとって不要な存在です。

モノを売ることができる営業マンは、卓越したトークスキルを必ず持っています。話し方を学ぶなら、営業マンに聞くのが手っ取り早いでしょう。

かくいう僕も昔はバリバリの営業マンで、当時の最高月収は120万円ほどありました。YouTuberラファエルの武器はマシンガントークですが、このスキルは営業マン時代に培ったものなのです。

とはいえ、最初から仕事ができる営業マンなんていません。

僕が新人営業マンだった頃、8000円のクリスマスケーキを売るという仕事がありました。いつもなら先輩が同行してくれたのですが、その日に限って先輩が席を外し、一人で対応しなければならなくなったのです。つまり、いきなりの実戦投入だったわけですが、その結果は新人だけに散々なものでした。

営業マンになる前は、毎週のように繁華街でナンパをしていたし、自衛隊時代には多いときで2000人の前で話していたので、割とトークには自信がありました。商品に関する知識も身につけていたし、先輩がいなくても大丈夫だと高をくくっていたんですが、まったくしゃべれず、ケーキは売れずで、まさに踏んだり蹴ったり……。

正直、ふがいない結果には自分でも驚きました。ただ、いま思えば、あの頃の僕は完全にトークのスキルが不足していました。シンプルに経験の浅さが原因です。

どんなにしゃべることに慣れていても、シチュエーションごとにトーク術は異なります。いきなり人前でスピーチを頼まれ、あたふたしてしまった経験がある方もいると思いますが、僕の営業マンとしての初戦はそんな感じでした。

もしかしたら、天性でしゃべれる人はいるかもしれませんが、おそらくほとんどの人は僕のようにしゃべれないと思います。僕がしゃべれるようになったのは、努力の積み重ねです。新人営業マンの頃は、毎日鏡の前に立って、話し方の練習を何時間もしました。

それだけではありません。

テレビを見るときでさえも、僕にとっては勉強でした。テレビアナウンサーがしゃべるスピード、合間の相づちや目線の位置なんかも研究して、なんとか営業職にフィードバックしようとしてました。いまのトークスキルがあるのは、そんな努力の賜物というわけです。

How to speak

しゃべりに自信があった僕でも最初は全然ダメだった！

世の中にはビジネスマン向けのトーク術の本があふれています。僕もかなりの本を読みましたし、いろんな先輩から学んだトーク術もインプットしました。

ただし、**トークは100回の組手よりも1回の実戦です。**

十分な知識を仕入れ、想定した売り方を頭の中や鏡の前で何百回もシミュレーションしましたが、営業トークが本当に身についたのは、実際に繰り返し現場に出るようになってからのことでした。

事前準備と経験を積めば、誰でも「上手な話し方」をマスターできます。トーク術は努力によって誰でも獲得できるスキルなのです。

BASIC EDITION

基本編

02

話し方の基本は、「相手7割、自分3割」が絶対ではない！

ある心理学の実験で、他人と話すときに「相手の話を多く聞き、自分の話を少なめにする」と、好かれやすくなるとの結果が出たそうです。会話の時間配分のうち、7割を相手に話させ、自分の話は3割ほどにとどめるという「7対3の法則」です。

これが「5対5」だと、相手は「話を聞かされた」という印象を受け、逆に相手にばかり話させると「自分ばかり話した」という印象になってしまいます。

売れる営業マンがこの「7対3の法則」を大事にするのは、顧客にさまざまな情報の話をさせ、自分に好意を持たせるのが目的です。

ところが、**いろいろなビジネス書で解説される「7対3」の割合は、実際の現場では通用しないということを知っておくべきでしょう。**

「7対3」は、営業マンの立場からいえば相手の気持ちに立つ比率です。

これから相手との信頼を強める場合、つまり初対面に近い状態の雑談では、「7対3」は正解でしょう。ところが営業マンの場合は、信頼関係を構築したうえで、商品を買ってもらわないといけません。つまり、ただ話して信頼関係を築くというよりも高度なスキルを必要とするのです。

基本的に営業は、時間をかけて信用を得ることで商品を買ってもらいます。

ただ、僕の場合は商品説明を重視して営業を展開し、短時間で結果を出すスタイルでした。それには、何の知識もない相手に商品の魅力を伝え、短い時間で契約を結ばなければなりません。

ですから、「7対3」なんて悠長なことは言ってられませんでした。「1対9」の割合で自分がしゃべったとしても、買ってくれる人に商品の魅力を伝えることが必要なのです。「7対3の法則」は話の基本かもしれませんが、時と場合によるのです。

もちろん、営業に時間がかけられる場合は、相手の立場を理解するため、話はよく聞くべきです。しかし、1万、2万円の商品ならその方法でもいいでしょうが、総額で数百万の場合となるとそうもいきません。**顧客の担当者に個人的に気に入られただけでは、決裁が下りるということはほとんどないからです。**

いくら担当者に好きになってもらっても、決裁のハンコを持っている責任者が別の場合もあります。ですから、「7対3」だけを重視するのではなく、いろいろな手段で商品の魅力を伝える方法も考えておくことが必要になってくるのです。

また、時間があって「7対3」の割合での営業トークができる場合も、「3」の内訳を考えておくのは重要です。商品の説明は「1」なのか「2」なのか。雑談は「1」

で十分か。それをどのタイミングで、相手の話に挟み込んでいくのか。相手を観察して立場を読み、「7」の割合の中で、相手に気持ちよく話してもらうにはどうしたらよいかを導き出します。

ちなみに、相手の選択肢を潰していき、理詰めで相手を八方塞がりにして、商品を買わせてしまう売り方もあります。でも僕は、そういう営業法は使いません。相手に気持ちよくなってもらうことが、信頼関係をつくる近道だと思っているからです。

営業トークの最適な比率は、「7対3」ではありません。状況によって判断し、事前に準備したシナリオをアレンジしながら使っていきます。上手な話し方とは、絶妙なバランスをとっていく綱渡りのようなものなのです。

How to speak

「7対3」に固執することなく変幻自在に対応するべき!

BASIC EDITION
基本編
03

相手の承認欲求を満足させると、好意となって返ってくる

相手との話を広げるには、相手の話に興味を持ったり、相手を知ろうとしたりする観察力が必要になります。相手に興味を示さなければ、会話は広がらないのです。話す相手の好きなもの、好きな場所、とにかく何にでも興味を持って、いろいろな話題をすぐ思いつけるようにすることが大切です。

もし、商談相手のお客様が、あまり特徴のない人だとしたら、会社に注目することもできます。「大きな会社ですね。一流企業にお伺いするのは初めてなので緊張します」と言ってみてはどうでしょう？

打ち合わせスペースや、相手の仕事場も見回してください。壁や棚に絵画や賞状、修了証書、トロフィーが飾られていませんか？　そこに飾られているのは、会社や個人が成し遂げた業績をアピールするためです。それらを見つけたら、お客様に詳しく尋ねてみましょう。そこから、お客様のプライドをくすぐる話題を出すのもありです。

人間は、周囲の人に注目されたい、認められたいという欲求を持っています。他人から関心を向けられることで心が満たされるのです。それは好意と受け取られ、逆に好意となって返ってきます。心理学でいうところの「好意の返報性《へんぽうせい》」です。

相手への興味は、本気で相手に「惚れている」と思い込むことで生まれてきます。

相手を好きだと自分にマインドセットすると、初対面でも視線が変わりますし、質問もいろいろ思いつきます。たとえ同性でも、憧れている先輩や尊敬する偉人が何を考えているかは知りたくなるものですよね。

相手の受け答えに対する洞察も忘れてはいけません。受け答えのひとこと目は、心の中で大きな比重を占めていることを口に出しやすい傾向があります。また、会話をしているうちに相手の態度や口調が変化することもあります。営業マン時代は、それらを相手に悟られることなく、分析しながら「トリセツ（取扱説明書）」をつくっていきました。

ちなみに、営業マンには「○○さんの顔を見たくなって来ちゃいました」「近くに来たので、差し入れだけ持ってきました！」という定番のコミュニケーション作戦があります。お客様というのは、それだけのことで好意を持っていると感じてくれるのです。

しかし、いくら差し入れをしても「今度は何を売りたいの？」と冷ややかに言われてしまうことも少なくありません。

特に商談相手ができる営業マンだったりすると、営業されるのを嫌がる傾向があります。**営業マンは相手の心理を読み解くのが仕事の一部なので、相手のよこしまな気**

How to speak

あなたの話し方は、〝気持ち〟を乗せていますか？

持ちを見透かすのが上手いのです。

コミュニケーション作戦というのは、自分の話を聞いてくれる土壌を作るための作業ですから、相手にイラッとされたら意味はありません。そういう強敵には「本当に何もないんですよ」と、ニコニコしながら帰ったほうがいいでしょう。

「他意はありません。本当にあなたのことが好きなんです」

そう相手に思わせることで、ようやくこちらの言葉を聞いてくれるようになるのです。

「好意の返報性」となって返ってくれば、商談も恋愛も自分の思いのままになるかもしれません。

BASIC EDITION

基本編

04

スーツの数だけキャラを！ネクタイの数だけ技を持て！

営業マンは、常に周囲に気を配っていなければならない職業です。営業中だけではありません。営業が終わったあとも、常に状況を読んで行動しなければなりません。「空気を読む」という言い方がありますが、営業マン的には、その場の雰囲気を察知するだけでは足りず、自分がこの先、どんな行動をしなければならないかも予測しなければならないのです。

僕が営業マン時代に、こんなことがありました。ある雪の日、先輩と営業に出かけ、商談が終わって帰ろうとすると、駐車場に停めた営業車には雪が積もっていました。後輩だった僕は、車の雪をはらいに走ります。そのとき、営業先のお客様が見送りに来てくれて、雪の中、雪をはらって車を動かすまで待っていてくれたのです。

これは絶対にやってはいけないNG例です。**ほんの数分ですが、取引先の人間を雪の中で待たせてしまったのですから。本来であれば、用件が終わった時点で自分だけ先に取引先を出て、車を出す準備をしないといけなかったのです。**

気を張ってアンテナを立てておけば、相手がどう出るか、そのためには自分がどういう行動をするべきかが見えてくるでしょう。それが「空気を読む」営業マンです。

取引先の雰囲気に合わせ、どんどん自分のキャラクターを変えていくことも必要です。

営業成績がずっと横ばいの営業マンは、キャラがひとつしかない人がほとんどです。売り上げは少ないけれど、正直で、愚直で、いい人。お客様にとって、とても信用の厚い営業マンですが、そういうキャラは会社から見たらダメな営業マンです。営業マンたる者、利益をあげなければ意味がありません。

自動車の販売会社は、大衆車から高級車まで扱っています。ところが、高級車は何台も売れるけれど、大衆車を売るのが下手な営業マンもいます。こういう人は、いまの営業成績はいいかもしれませんが、転属、転勤になると実績が出なくなります。売れていたのは、上司に気に入られて仕事を振ってもらっていたとか、その地域の誰かに気に入られていたとか、実力以外の理由が必ずあるのです。そういうタイプは、ダメな営業マンと思ってもいいかもしれません。トップ営業マンは有形か無形かにかかわらず、どんな商品でも売ってしまいます。なぜなら、どんなお客様にも対応できるように、キャラをいくつも持っているからです。

親切で丁寧な営業マン。ざっくばらんな営業マン。すばやく利益を読む営業マン――。

営業マンは、平均的にスーツを4着くらい持っていると思います。そのスーツの換えと同じくらいの数のキャラを持っていないと、万人に対応できるような営業はできま

How to speak

「デキる話し方」の解答はひとつではありません

せん。商品、お客様、会社の空気を読んで、自分のキャラを使い分けるのです。

また空気を読めば、どんな営業トークを使えばいいのかも見えてきます。論理的にメリットの説明をするのか、ベネフィットを熱く語ったほうがいいのか。

一本背負いしかできない柔道選手がいたら、試合に出るのは難しいですよね。営業マンも同じで、多彩なトークという技が必要なのです。

トークの技は、自分が営業で身につけるネクタイと同じくらい持つのが基本です。キャラがひとつ、技がひとつでは、刻々と変わっていく商談には対応できません。

気を張れば空気が読めてきます。空気が読めれば、お客様が、どんなキャラ、どんな技を望み、自分がどんな行動をしなければならないかが見えてくるはずです。

〝僕がしゃべれるようになったのは、
努力の積み重ねです〟

〝上手な話し方とは、絶妙なバランスをとっていく
綱渡りのようなものなのです〟

〟営業マンには
「○○さんの顔を見たくなって来ちゃいました」
という定番のコミュケーション作戦があります〟

〟一本背負いしかできない柔道選手がいたら、
試合に出るのは難しいですよね。
営業マンも同じで、
多彩なトークという技が必要なのです〟

ラファエル式
ビジネス会話講座

VOL.1

〜お詫び編①〜

**自分の落ち度で
相手を怒らせてしまった際の
正しい謝罪の言葉**

× この度は
どうもすみませんでした。

○ この度の件、
誠に申し訳ございませんでした。
すべて私の不徳のいたすところです。

「すみません」や「ごめんなさい」は正式な謝罪の言葉には不向きです。相手が「本当に反省しているのか？」と、余計に怒る可能性もあるので注意しましょう。また、自分に落ち度があった場合、事実を潔く認めることも大事です。「努力したのですが」「全力を尽くしたのですが」など と、余計な言い訳をしないほうがいいと思います。

　ちなみに、謝罪は言葉だけでは相手に伝わりません。改まった態度で接するよう心掛けましょう。

第2章

秒で心をつかむ！
営業トークの極意

ESSENTIAL POINT
極意
01

話の４段活用で噛み砕いて伝える

営業トークの基本は、事前に自分の話がわかりやすいかどうかを見直しておくことです。営業が下手な人にありがちなのが、話がいろいろな方向に飛んで、結局、論点がわからなくなることではないでしょうか。営業トークの話の組み立てを考えてこなかったのが、まるわかりです。

営業トークは、あいさつと雑談から始まり、自分なりの業界や市場の分析を語り、相手や会社の要望を探りながら、商品説明をしていくのが定番です。しかし、これでは商品のセールスに到達するまで時間がかかりすぎます。話が簡潔ではないので、この商談の要点が見えにくくなっているのです。

優れた小説やドラマは、起承転結の図式がしっかりしています。営業トークも同じで、全体を通した簡潔な起承転結が必要なのです。

まず「あいさつ」から始まり、「15分だけお時間いただいていいですか」と切り込んでいき、「私は誰」「何をしに来たのか」を相手に告げます。

続く営業トークの内容を起承転結の4段階に分けると――。

①「今日は○○について、ご提案させてください」という話の主題。

②「ご相談させていただきたいポイントは○点です」という要点の数。

③「提案を受け入れていただけると、こういう利点があります」といったメリット。

④そして最後に、「今回の提案は○○でした」と要点・結論を繰り返して強調し、相手が理解しているかを再確認します。

このように、何を伝えて、何を知ってもらいたいかを4段階に組み立てるだけで、話がわかりやすくなります。また、論点がずれてしまうこともなくなると思います。

さらに、事前準備としてこれらの項目を紙に書き出しておけば、話をわかりやすくまとめることができるのではないでしょうか。ただし、これはあくまで話の伝え方のフォーマットのようなものです。**話す相手の性格に合わせて反応を見て、アレンジしていくことが必要になります。**

また、話の伝え方としては4段活用で十分なのですが、営業マンはさらに一歩踏み込まないと契約締結には至りません。そこで、僕は営業マン時代に必ずベネフィットを語るようにしていました。

「オフィス用のコーヒーメーカーがあると、社員同士の交流の時間が増えます」

How to speak

説明の技術を習得したら独自のアレンジを加えよう!

「オフィス用の置き菓子で、社内が和やかになったという事例があります」といった、数字には表れない付加価値のイメージを伝えるのです。

商品のメリットや特徴をわかりやすく伝えるだけでなく、お客様に想像や妄想を掻き立たせることで、楽しい時間をお客様に提供するようにしていました。

話し方や伝え方など、ただ単に説明が上手いだけ、話の組み立てが上手いだけでは営業マンは生き残れないのです。

ESSENTIAL POINT

極意

02

心を「つかむ」ことができれば、上手く話す必要は一切ない

相手に耳を傾けてもらえなければ、労力はムダになってしまいます。

そこで、ぜひ会話の「最初のつかみ」を用意しておきましょう。「つかみ」は、人の心をつかむ最初のひとことのこと。ＹｏｕＴｕｂｅ動画のラファエル・チャンネルでも最初にひとことのつかみネタを出しますが、これも視聴者に面白いことが始まるから、「注目して！」という心理学的な合図になっています。

僕は営業マン時代にも「最初のつかみ」を使っていました。

商談の窓口の担当者というのは、相手の営業トークは散々聞いてきています。一日に何十人もの営業マンの対応をしているので、とりあえず「さばいておけ」という態度をとられることもあるのです。この状況で、**自分の話に耳を傾けてもらうためには、人と違う話を差し込むしかありません。それが「最初のつかみ」です。**

よく「イケメンや美人の営業は得だ」という話がありますが、確かに容姿がいい営業マンは、生涯年収が高いというデータもあるようですから、見た目だけで相手の心をつかんでいるのかもしれません。

でも大丈夫。イケメンじゃなくても、トークで十分挽回できます。

では、どんな会話から始めるべきでしょうか。営業の雑談では、よく「政治」「宗教」「野球」の話はするなと言われます。実はそれだけではありません。相手とのとっかかりを見つけるためでも、天気の話なんかしてはいけません。そんなありふれた話題を出すのは、ダメな営業マンの証拠をさらしているようなものです。ネクタイの柄や色の話もありふれています。かといって、お客様のスーツを見て、どこのブランドかを当てるのは素人には至難の業です。

トークの一発目は、やはり褒め言葉です。たとえば、一番話題にしやすいのは腕時計ではないでしょうか。相手がつけているのがロレックス以上のブランドだったら、こだわりを持っている証拠です。**「それどこで買ったんですか？　こだわっていますね」と、注目されて嬉しくない人はいません。相手を喜ばせて、気持ちよくなってもらって、話のキャッチボールが始まるのです。**

最初のアプローチでお客様の気持ちをつかんでも、肝心の商談になって緊張してしまうこともあります。相手に「耳を傾けてもらう」ためには、上手く話す必要はありません。わかりやすく説明できれば、それで十分なのです。

僕の場合は、上手くしゃべろうとするのではなく、売ろうとする商品や商談の相手を本当に好きになる、というマインドセットをしました。すると、「この商品は本当にいいモノだから、大好きなあなたのために持ってきた」という空気感が出ます。こんな凄い商品を、好きな人に提供できないのは「本当に申し訳ない」と思うのです。つまり「買ってください！」「売らなきゃいけない！」というプレッシャーがないので、緊張する必要がなかったわけです。

商談が終わったら、結果に関係なく、「また今度、話の続きを聞かせてください」と声をかけられれば、「つかみ」から始まった雑談が楽しかったことが伝えられ、お互いの距離をより縮めることができます。

そうすれば、次回の営業にもつながり、今後も「耳を傾けてもらう」ことが容易になっていくのです。

How to speak

会話のつかみが欲しければ、相手の褒めポイントを見つけよう！

ESSENTIAL POINT
極意
03

自分にメリットを感じると、人は会話に引き込まれやすい

雑談の「つかみ」で相手を振り向かせたとしても、商談が必ず上手くいくわけではありません。

好スタートを切ってもちゃんと商談につなげなければ、営業トークはそのまま尻すぼみになって、交渉が終わってしまう可能性があります。

商談のスタートで大事なのは、話す相手に「この商談は自分に関係がある」と思ってもらうことです。つまり、いまから話す内容が「自分が望んでいる話」だと理解してもらうわけです。**営業トークを展開するときに、ついつい自分の会社の利益だけを考えていると、必ず見抜かれてしまうので商談が上手くいかなくなります。**

最初からいきなり自分の会社の理念を語っても、お客様は聞きたいとは思っていません。自分には関係のない話だからです。「望んでいる話」とは「その場の問題の解決法」や、「相手のメリット」です。商談相手にメリットを明確に伝えることが、話を聞いてもらえる近道なのです。

最初にメリットを誰に伝えるかを確認しておくことも重要です。もちろん伝える相手は窓口の担当者ですが、その人間に時間の余裕があるのかなども判断する必要があるでしょう。担当者がメリットをどれだけ重視しているかも要確認事項です。

そうした「誰」に伝えるかをはっきり理解して、初めて商品の説明に進みます。次にどんなメリットなのかを明確にしましょう。商品の独自性や他社製品と比べた場合の優位性などを伝えるのです。

僕は商品力を説明して売るタイプの営業マンだったので、商品がいかにいいものなのか、ウソ以外は何でも言いました。事前に営業先の状況を念入りに調べて、お客様が望んでいる「その会社が抱えている問題の解決法」、つまり「相手のメリット」を把握してから営業に向かいました。もちろん詳細がわからなくても、業種や立地環境、競合他社との関係性などから、簡単な状況は想像できたのです。

ＹｏｕＴｕｂｅの動画でも同じです。

僕は視聴者の顔がわかっています。さまざまなデータから年齢層や趣味の傾向を分析して、何が視聴者の「メリット」につながっているのかを読んでいるからこそ、彼らを面白がらせる（＝望んでいる話）コンテンツが提供できるのです。あるいは何が「望まれていない話」かを考えることも重要になります。科学的、統計的な分析を抜きにして、ただの思いつき、その場しのぎの企画で再生数は稼げません。「誰」に伝えるか、相手のメリットは何かをハッキリとさせるのは非常に大事です。

それがないと相手を見失って、肝心の商品の利点を伝えられなかったり、あれもこれも伝えたくなったりして、結局、話の論点が集中できずに何が言いたいかわからなくなってしまいます。

自分が売りたいもののメリットは「他社より安いから買ってくれ」なのか、「電気代が安くなる」のか、「性能が抜群によい」のか、事前に整理しておくことが重要です。それを明確に伝えれば、お客様は商談が自分に関係があると認識し、話を聞きたくなります。

相手のメリットを伝えることが、自分の会話に引き込ませる最短ルートです。

How to speak

相手にメリットを伝えることが自分にとってのメリットになる

ESSENTIAL POINT
極意
04

キーワードを設定して ひとことで伝えよう

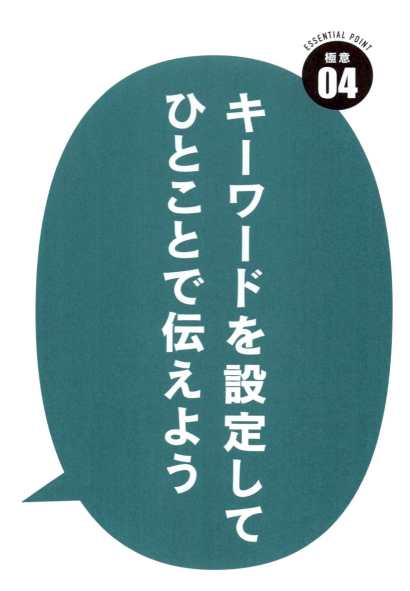

営業マンはお客様の貴重な時間を割いてもらっています。それが5分であれ15分であれ、絶対に感謝の気持ちを忘れてはいけません。そして、できる限り短い時間で、お客様の心に強い印象を残す必要があります。

ただ、本当に伝えたいことは1分もあれば十分です。

そんなわずかな時間で？　と思うかもしれません。**本当のところ、話し方が下手な人は、ムダな情報が多いのです。大事な商品情報でも、あれもこれも詰め込みたがるのは、話し方が下手な証拠。ムダな情報を省き、話は要約して長々と話さないように心掛けましょう。**

たとえば営業先で、あなたは一番に何を伝えますか？

商品情報なら、どんな商品情報でしょうか。新商品？　それとも値下げした型落ち商品でしょうか。価格？　デザイン？　または機能のバージョンアップでしょうか。

まず、そこを明確にしましょう。

この場合、遠回りな説明をクドクドするよりもキーワードを決めておきます。もしも時間がなく、商品のセールスポイントを1分でしか伝えられないと仮定して、自分の情報を絞り、結論であるキーワードを用意しておくのです。

商品説明の中でムダな情報はいろいろあります。コーヒーやパソコン、車、ダイヤモンドを売る場合、それらの商品説明は必要ありません。なぜなら、それらを知らない人は世の中にいないからです。

たとえばゲーム機を売ると考えたら、とてもわかりやすいかもしれません。

営業トークで大事なキーワードは、ゲーム機の説明ではなくて、ゲーム機を買うとどうなるか？　ということです。ゲーム機の性能や遊び方、どんなソフトがあるかの基本情報は購入の決め手にはなりません。また、メリットだけでも足りません。

買ったらどうなるかという付加価値、つまりベネフィットのほうが効果的です。

「このゲームを買うと、子どもとコミュニケーションをはかる時間を増やすことができます」

そんなベネフィットをキーワードとして挙げたほうが、ゲーム機の素晴らしさが伝わります。そうしたもっとも伝えたい情報を2個か3個のキーワードにして、ドーンとセールストークに持ってくるのです。

商品のベネフィットを日常生活の中で意識しておくのは、立派なトレーニングになります。身の回りの商品を例に「こんなベネフィットだったら自分は買ってしまうな」

How to speak

会話はあれこれ脱線せずに、ベネフィットを軸にしよう

スマホのどこがいいの？　アイコスの何がいいの？　すると、と考えてみるのです。**自分なりのベネフィットが生まれてくるので、それを言葉にするのです。**

ぜひ、ベネフィットを軸にしたキーワードを用意しておきましょう。

お客様の疑問や反論に答えたり、誤解を防ぐために情報を補足したりするのは、そのあとで十分なのです。

ESSENTIAL POINT
極意
05

専門用語は使わずにやさしい言葉に変換する

営業トークをするときに、ついやってしまいがちなミスがあります。それは専門用語やカタカナ語を多用した説明をしてしまうことです。

難しそうな言葉を使って「自分は知識量があるんだぞ」とドヤ顔をしても、お客様はまったく感心しません。

そんなアピールは仕事にはまったく必要がないのです。

また、自分にとってはメジャーな言葉であっても、人に伝えるためには使わないほうが得策です。お客様は、一見、聞いたフリをしてくれると思いますが、そんな自分本位な営業マンからはモノを買いません。

営業トークで気をつけなければならないのは、相手にもわかりやすいように、言葉がかみ砕かれているかです。

お客様が営業マンの言葉をきちんと消化できるように、あらかじめかみ砕いてあげましょう。**専門用語、最新用語、流行語、カタカナ語、略語、難解な言葉などを最初からわかりやすくすれば、話の内容はスムーズに伝わります。**

自分の営業のために紙に書き出したシナリオを、再度検討してみましょう。その中に、わかりにくい言葉はありませんか？

それらをすべてやさしい言葉に変換します。一見、面倒くさい作業ですが、営業シナリオは効率的になります。また、一度コツを覚えれば、変換作業も簡単にできるようになります。

サプリメント関係の営業だったら「ＢＣＡＡ」という用語が出るかもしれません。でも、そんな言葉は、よほど筋肉トレーニングに興味がある人でないとわかりません。置き換えるなら「必須アミノ酸」になるでしょう。これでも意味不明の人はいます。だったら「運動時の筋肉のエネルギー源」と置き換えたら、わかりやすいのではないでしょうか。最近では「エビデンス」なんて言葉が日本中で使われていますが、これも「科学的な証拠」と言い換えるべきです。

そのためには自分で言葉を勉強しないといけません。**僕が営業マンの頃は数多くのニュースを見て、さまざまな用語を調べました。科学用語、経済用語、政治用語など、それらは自分が難しいワードを使うための勉強ではなく、言葉をかみ砕き、逆にお客様に難しい言葉を使われたときに理解するためです。**

ちなみに、かつてアメリカで、学術論文や哲学者の書いたさまざまな文章を学生に読んでもらい、作者の人物の知性をどう思うか評価させたという実験があったそうで

How to speak

誰もがわかる言葉を選べる人が話し方の上手い人である

す。すると、わかりやすい言葉やわかりやすい表現で書かれた文章ほど、作者の知性を感じるとの結果が出たそうです。反対に難解な文章を書く人物ほど、悪い印象になったらしいです。

もし、あなたができる営業マンだと思われたいなら、難解な言葉は避け、かみ砕いた言葉で伝えるべきです。また難しい言葉を使うと、お客様も何となくわかった気になる場合もありますが、これは大きな誤解の火ダネになってしまいます。

何が難しくて、何が簡単なのか。言葉選びは、相手の立場に立ってもわからない場合も多いので、自分のおじいさんやおばあさん、あるいは小学生に説明する気になって、言葉を選んでみてはいかがでしょうか?

ESSENTIAL POINT
極意
06

「わかってくれるだろう」はトラブルの元！

商品を買ってもらいたい場合、その特徴をしっかり説明する必要があります。しかし、時間をかけてダラダラと解説したり、「いい！」「すごい！」「ヤバい！」と抽象的な話し方をしたりすると、内容はまったく伝わりません。基本は、どういいのか、どうすごいのかを具体的に簡単に話すことです。

日本には、言いたいことを相手に察してもらうという奥ゆかしい文化がありますが、これは話をしているお互いの認識が共通している場合に限り、可能になる意思疎通の方法です。

自分の部署が取引先と大口の契約を結んだとき、上司に「行くぞ！」と誘われ「行きますか！」と飲み屋に祝杯をあげに行く、なんてシチュエーションは珍しくないでしょう。でも、何も知らない周りの人から見れば、彼らが一体どこに行こうとしているのか、全然わかりません。これは「過去のパターン」などの共通認識でお互いを理解しているのです。お笑い芸人の「絶対に押すなよ」というお約束のセリフなどもそうでしょう。

ところが、他社に対する営業では、共通認識は存在しません。「結局、あなたは何が言いたいの？」と思われておしまいです。

だからこそ、営業先では具体的な内容を示すことが重要になります。

「感染症対策には、このウイルス対応の空気清浄機を設置することをご提案します」

このような文言には前提条件の文脈は一切ありません。誰でも理解できる具体的内容が提示されています。また、形容詞や副詞を数字で表すことも大事です。たとえば、「大人数のオフィス用」ではなく「30人規模のオフィス用」とすれば、より具体的になってわかりやすいでしょう。

日本では、物事をあいまいにしてしまうことが多々あります。アメリカなどと比べると、言語も民族も基本的には同じという歴史的背景があるからだと思いますが、商談であいまいな会話をしてしまうと大きなトラブルに発展しかねません。

商談が成立した商品は1箱1万円なのか、1万円で使いたい放題なのか。税込みなのか、税抜きなのか。リースしたオフィス用機材は、契約期間を終えたらもらえるのか、要返却なのか。契約満了のときに「え？　違うんですか？」という事態に陥るのは、会社あるあるです。

ラファエル・チャンネルの動画で、「アルフォート（菓子）を買ってきてと言ったら、アルファード（乗用車）を購入してきた」という伝え間違いドッキリなどがあります

How to speak

間違いのないように、誰に対してもしっかり伝えることを意識しよう

が、商談での伝え間違いはエンタメでは済みません。最悪、契約解除もあり得ます。**たとえ相手の立場に立って説明したとしても、ニュアンスで伝えれば、間違いは必ず発生します。このトラブルを防ぐには、商談で相手がどこまで理解しているか、重要事項を再度確認することです。**

問題発生の可能性を限りなく小さくするのは、具体的な内容で話をするという基本的な方法だけなのです。

ESSENTIAL POINT
極意
07

会話を弾ませるために相づちをフル活用せよ

バラエティ番組などを観ていると、MCのタレントさんのスキルがよくわかります。上手いタレントさんは、自分が話すだけでなく、相手のトークを引き出す言葉も巧みです。簡単な会話でいろいろなことを聞き出します。しゃべっているゲストも気持ちよさそうに、そして自信たっぷりに話しています。

営業トークでも、お客様に気持ちよくなってもらうのが基本です。聞くテクニックのなかでテンポよく打たれる相づちは、「あなたに興味や関心を持っています」との意思表示で、相手に気持ちよくしゃべってもらいたいときに有効な方法です。

ただし、相づちはただ打てばよいというものではありません。効果的なのは、うなずきのリアクションと言葉がセットになったものです。

まず、相手の目を見てしっかりと話を聞きます。身を乗り出して聞いたり、身振りや手振りで反応を示したりすると、相手も緊張がほぐれて話しやすくなります。

相づちは大きく分けて7種類あります。

①「そうですね」「なるほど」という同意の相づち。

スタンダードなものですが、使いすぎると機械的に感じられてしまいます。「〇〇なんだよね」「〇〇っすか！」と、相手の話をリフレインするテクニックも、

きちんと話を聞いていることを伝えることができます。

②「素晴らしい」「さすがですね」という承認の相づち。

相手を評価する感想で、喜ばせることができます。

③「それからどうしたんですか？」という促進の相づち。

話が面白く、結果を聞きたいと伝えることができます。

④「ご心配だったでしょう」という共感の相づち。

相手の気持ちを察することで心の距離を縮められます。

⑤「要するに」という整理の相づち。

全体をまとめることでちゃんと話を聞いていることをアピールできます。

⑥「話は変わりますが～」という転換の相づち。

話が行き詰まったときの切り替えワードです。

⑦「……」という無言の相づち。

相手が深刻な話をしたときに、優しさを伝えられます。

これらを組み合わせ、お客様の言葉が切れたところで入れるだけですが、タイミングをつかむのは意外に難しいところがあります。**お客様はそれぞれにしゃべりのリズ**

ムが違うので、相づちのタイミングは経験に頼らざるを得ないからです。

ぜひ、おもしろいといわれている芸人さんの漫才動画を見てください。相づちの技術は漫才がダントツです。自己中心的なトークにならず、ちゃんと相づちでリズムをつくっているので絶対にタメになると思います。

また、リズムだけでなく、表現の仕方も大事です。ただ「そうですね」というより、「ええー！　そうなんですね」と気持ちを込めたほうが感情は伝わるし、反対に「あー、はい、はい、はい」という回数が多い同意は、軽薄な印象になってしまうので気をつけないといけません。

How to speak

相づちにも心を乗せれば必ず会話が盛り上がる

〝話し方や伝え方など、
ただ単に説明が上手いだけでは
営業マンは生き残れないのです〞

〝でも大丈夫。
イケメンじゃなくても、
トークで十分挽回できます〞

〝科学的、統計的な分析を抜きにして、
ただの思いつき、その場しのぎの企画で
再生数は稼げません〞

〝本当のところ、話し方が下手な人は、
ムダな情報が多いのです〟

〝僕が営業マンの頃は
数多くのニュースを見て、
さまざまな用語を調べました〟

〝問題発生の可能性を限りなく小さくするのは、
具体的な内容で話をするという
基本的な方法だけなのです〟

〝相づちの技術は漫才がダントツです〟

ラファエル式
ビジネス会話講座

VOL.2

〜お詫び編②〜

お客様から
クレームが入った場合の
正しい言葉選び

✕ このたびは大変失礼しました。

○ ご指摘ありがとうございます。
お気づきの点を、詳しく
お教えいただけないでしょうか？

お客様からクレームが入ったとき、無条件に謝罪するのは禁物です。一方的に謝ることが問題の解決につながるとは限らないし、謝り方に誠意が感じられないと火に油を注いでしまう結果を招きかねません。こういうときはお客様の気持ちに寄り添って、事情をしっかりと聞いてあげましょう。相手も事情を話しているうちに客観的になり、自然と怒りがおさまる場合がほとんどです。お客様の指摘はサービスの改善にも一役買ってくれます。

第3章

緊張しない人なんて絶対にいない

MENTAL STRAIN

緊張

01

失敗の基準を決めているのは、あなた以外の何者でもない

飛び込み営業の場合、初対面の人と話さなければならない機会がほとんどです。しかし、自分を口下手、会話が苦手、人見知りなどと思っている人は、つい緊張してしまいがちではないでしょうか。

心理学的には、こうした精神状況を「対人不安」というらしいです。相手の反応や、自分をどう見ているかを恐れてしまう心理なのですが、「人によく思われたい」や「失敗するのではないか」と強く考えてしまう人ほど、対人不安は強くなるようです。

ただ、心の中に不安がないという人はいません。誰でも大なり小なり不安を抱えているものです。

とはいえ、心配する必要はありません。僕だって、いまだに人と話すときには緊張します。営業マン時代は特にそうでした。**自分の会社の社長にさえ1回も会ったことがないのに、取引先の社長クラスがお客様になったりすると本当に緊張しました。**

当然、社長クラスのお客様は、何でもいろいろ知っています。雑談していると、絶対に難しい話題になるので、「ここでマクロ経済の話をされたらどうしよう……」などと考えて焦ってしまいました。緊張していたのは、難しい質問への対応能力がなかったからです。

対人関係に不安を持っている人は自信がない人がほとんどです。日頃から相手のことを調べたり、トークのための勉強をしたりしていれば怖いものなしでしょうが、若手のうちはすべてができるわけはありません。

もし、緊張を軽減したいのなら念入りな事前準備をしておきましょう。商品知識や取引先の調査をしっかりして、営業用のシナリオも用意しておくのです。シミュレーションやイメージトレーニングをきちんとこなしていれば、どんな相手でも、どんな場面でも、落ち着いて話をすることができるはずです。

しかし、どんなに練習をしてもリアルな現場に行く機会が少なければ、緊張からは逃れられません。慣れるには、初対面の人の前で自分の意見や提案を話す機会をつくり、場数を踏むしかないのです。

中には完ぺきに準備をしても焦ってしまう人もいます。承認欲求とか、失敗したらダメという固定観念があったりするからではないでしょうか。**でも、結局、それは自己中心的な考えです。そもそも失敗の基準を決めているのは、あなた以外の何者でもないのです。**ひどい失敗をしても、恥をかいたり、給料が下がったりする程度です。

営業は自分ではなく、相手をメインに考えなければトップにはなれません。僕がさまざまな緊張を乗り越えられたのは、別に失敗してもいいんだと思っていたからです。その開き直りが、僕の緊張を抑える〝ツボ〟だったんです。

ところで、若手営業マンの僕を前にしていた社長さんたちは、緊張を感じ取っていたのでしょうか。緊張する場面では、自分を見ている相手に心の中を見透かされているような気がするものです。これを「透明性の錯覚」というらしいのですが、要するに錯覚です。きっと社長さんたちも、若手の僕が何も知らないなんて、まったく気にしていなかったと思います。カッコつけたり、認めてもらいたいと願ったりするよりも、きちんとした挨拶ができるほうが印象はよくなるのです。

How to speak

よく見られたいと思う心が、あなたの会話をダメにする

MENTAL STRAIN
緊張
02

筋肉は会話にも よい効果をもたらす

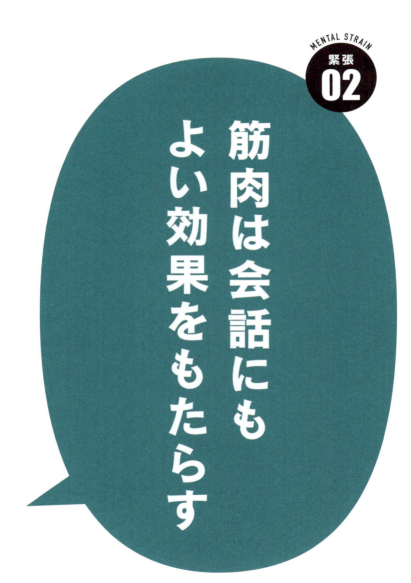

営業マン時代は、現在と同じように体を鍛えていました。それは健康維持のためだけでなく、スーツが似合う体型づくりや、キレイな姿勢を保つための筋肉が欲しかったからです。

営業マンは見た目なんて関係ないと思っている方もいるとは思いますが、取引先のお客様の中には、相手の見た目に注目する方が意外に多いのです。当然、髪型や爪も清潔じゃないといけません。第一印象が重要視されるというのが、僕が営業経験で導き出した結論です。

筋肉をつけると、見た目以上にさまざまな面でよい効果をもたらします。

すっと立ったとき、猫背だったり、膝が曲がっていたり、体が縮こまっている状態だと、明るいよい声は出ません。**しかし、骨格を支える筋肉をつけると、背筋が伸び、縮こまっていた胸部を張ることができて肺活量はぐんと増えます。当然、脳への酸素の供給量も増えるので、脳細胞が活性化しポジティブ思考になります。**

また、自分の目指した均整の取れたスタイルになってくると、無意識のうちに自信がついてきます。精神衰弱やうつ病の治療に、猫背の改善が取り入れられているのは、意外に知られていません。

きれいな立ち姿をキープする練習があります。

- **壁に頭、背中、お尻、かかとをくっつけて、背筋が一直線になるように立ちます。**
- **お尻に力を入れ、肛門をきゅっと締めます。**
- **体が頭の頂点から、糸で吊られているような状態を意識します。**
- **あごは床と平行にします。**
- **3分間、この姿勢をキープします。**

こうした練習を日課にすると、きれいな姿勢が身につくようになります。

不思議なのは、姿勢がよくなってくると発声もよくなってくること。声が自然と明るく大きくなってくるのです。オペラ歌手の舞台の映像を見たことがありますか。どのアーティストも堂々と胸を張って自信たっぷりに、突き抜けるようによく通る大きな声で歌っているのは、姿勢のおかげです。

TVのニュースを観てみましょう。ニュースを読んでいるアナウンサーに猫背の人はいません。正しい発声は、キレイな姿勢だからこそ生み出されるものなのです。

また、トークや声の専門家である俳優さんや声優さん、司会者を見てみると、彼らは「腹式呼吸」を使っています。

How to speak

体を鍛えるということは、あらゆることがプラスに作用する

通常の人は肺を横に広げる「胸式呼吸」で話をします。胸式呼吸法では、吸い込む空気の量に限りがあって、伸びやかな声は出ません。「腹式呼吸」は肺を動かす横隔膜を腹筋で押し下げ、より多くの空気を取り込むので、安定した声量で力強く話せるのです。また腹式呼吸には、人間をリラックスさせる「副交感神経」を優位にする働きもあるので、緊張を防ぐこともできます。

「腹式呼吸」のような専門的な訓練は無理！　と思う方もいるかもしれませんが、大丈夫。実は僕も専門的なトレーニングをしたのではなく、意識をしているだけです。とにかく鼻からゆっくり息を吸って、口からゆっくり息を吐く。これだけでも十分に役立ちます。

MENTAL STRAIN

緊張

03

当たり前の話ですが、会話はキャッチボールです

営業トークの適切なスピードはどれくらいでしょうか。TV局のアナウンサーは、1分間に400字詰め原稿用紙1枚ほどのスピードでしゃべるそうです。

一人でしゃべる場合は、これが一番わかりやすい基本スピードかもしれません。そこで、ストップウォッチを片手に、アナウンサーのマネをして、ニュースを読んでみてください。読む原稿は新聞からの抜粋でも、ニュース番組を録画して原稿を書き起こしてもOK。ニュースのジャンルは、政治でも芸能でも、スポーツでも構いません。**自分が気になっているしゃべり方をするアナウンサーになりきって、1分間ほど声に出して読んでみましょう。**

アナウンサーは読んでいるなかに「間」も入れます。「間」は、歌の息継ぎのタイミングとは違います。読み上げる文章の区切りであり、聞いている視聴者が内容を理解するための時間です。この「間」がなければ、聞いている人は展開が早くて聞き流してしまうこともあります。

果たして、あなたは何文字読めるでしょうか。「一般的に、これくらいのスピードだと聞きやすい」という標準を、まず体験してみましょう。

自分が読んだニュースを録音して聞き直してみると、自分のしゃべりのクセが分析

できます。

組み合わせは4つ。「高いトーン＋早口」は元気で若々しい感じに聞こえます。「高いトーン＋ゆっくり」は癒やし系に多いタイプです。「低いトーン＋早口」は頭脳明晰なタイプ。「低いトーン＋ゆっくり」は落ち着いた父性を感じさせます。たとえば、「高いトーン＋早口」はYouTuberのヒカルさん、「低いトーン＋早口」は堀江貴文さんなんかがそうでしょう。自分のしゃべりを分析して、話術に長けた近い相手を探し出し、手本にしていくのもひとつの方法です。

ただ営業で大事なのは、あくまで会話であり、お客様とのやり取りをしながら内容を伝えることです。

僕は早口ですが、一番気をつけているのは、スピードを調整しながら相手と自分の呼吸を合わせることです。会話はキャッチボールですから、相手と同じペース、リズム感で返球しないと成り立たなくなります。ゆるい相手のボールを、速球で投げ返したらキャッチボールではなくなってしまうのです。

会話のスピードも同じで、シンプルに相手が遅ければ自分も遅くする。ただ合わせるのではなく、相づちやリアクションを入れて、テンポよいリズム感をつくります。

How to speak

テンポ、スピードなど、リズミカルな会話を念頭に置こう

漫才でも早口とゆっくりのペースの芸人さんのコンビがいます。正反対の相手でも、ちゃんと気持ちのよいリズムをつくることができるのです。

会話の中に、あえて沈黙をつくったりする人もいますが、僕はできるだけ避けるようにしています。これは相手に、深く考えさせるタイミングをつくる方法ではありますが、僕からすれば、帝王学のように相手を追い詰めるような手段は必要ないと思っています。逆に、沈黙になりそうになったら、気の利いたことを言ったり、気まずい空気をつくったりしないようにします。

営業マンはモノを売らないといけない立場ですから、トークのスピード、テンポに気を配りながら、常に相手を気持ちよくさせる態度でいるのが僕の方法論なのです。

MENTAL STRAIN

緊張

04

ニコニコと表情をつくるだけで会話は楽しいものになる！

営業トークをする場合、お互いの関係をギクシャクさせず、スムーズに進める方法があります。それは表情豊かに話をすることです。

心理学では、自分の感情を表情で表すことをエンコーディング（符号化）、相手の符号を読み取ることをデコーディング（解読）というらしいです。

喜怒哀楽をデコーディングできる人は、相手の気持ちを察するのが上手。空気を読み、相手を気持ちよくさせるコミュニケーションができる営業マンです。反対に、自分の感情をエンコーディングできる人は、相手にメッセージを伝えるのが上手な人といえるでしょう。

普段の僕は仮面をつけて動画に出演しています。声と動きだけで、視聴者にメッセージを伝えているので、表情のなさは痛いほど知っています。

態度や感情のコミュニケーションに関する心理学実験で導き出された「メラビアンの法則」というのがあります。人の行動が他人にどのように影響をおよぼすかを表した法則ですが、それによると、**人間は相手のメッセージを言語で7%、聴覚で38%、視覚情報で55%受けているというのです。**

人間は相手を認識するときに、まず顔から見てしまうものです。その際、顔を「額と眉」「目とまぶた」「鼻と頬と口」の三部位に分け、どの部位がどんな表現をしていたかを調べた実験があったそうです。それによると「額と眉」では驚き、「目とまぶた」では恐怖と悲しみ、「鼻と頬と口」では幸福感が表現されているのがわかったそうです。人間は、こうした細かいパーツの動きで感情を表現できるのです。

ちなみに、営業は最初の20秒で印象が全部決まるという説もあるので、最初に注目する表情はとても重要でしょう。

営業マン時代の僕は、いつも想像以上にニコニコして、爽やかな感じでしゃべっていました。冗談のように聞こえるでしょうが、ただニコニコするだけで不思議と商品が売れるんです。「笑う門には福来《きた》る」のことわざ通り、笑顔が幸せを呼び寄せるわけです。

ニコニコするだけで場の空気が明るくなり、不穏な空気が流れていた商談も逆転することもありました。いつも仏頂面のお客様も、ニコニコと笑顔を維持するだけで、態度が軟化していきます。

ポイントは目です。目がなくなるほどニコニコしてみましょう。口角が上がっていても目が笑っていなければ、不自然なつくり笑いの人になってしまいます。心からお

How to speak

「この人ともっと話がしたい」は、表情をつくることから始めよう

客様に好意を持つよう自分をマインドセットしておけば、魅力的に笑えるはずです。

営業マンは必ず相手の目を見て話すのが基本です。相手の目をしっかり見れば、誠実さが伝わります。

日本人は、人と話す際に目をそらしがちだといわれますが、さすがに営業ではＮＧな行為です。

相手の目を見て集中し、笑顔で誠意を伝えれば、必ず相手も誠意を返してくれるはずです。

MENTAL STRAIN

緊張

05

接待マージャンや接待ゴルフは会話と通じている

どんな話であっても、すんなり雑談ができる相手とは、良好な人間関係を築くことができます。初対面の人や苦手なタイプだと思い込んでいる相手でも、雑談をきっかけに雰囲気が和やかになり、お互いの緊張状態が緩和されます。

普段の日常生活では、自分と同じ趣味や共通した生活環境にいる人と会話をする機会が多いのですが、仕事上ではそれらはほとんど望めません。

まったく考えが違ったり、全然違う生活を送っていたりする人と、積極的に雑談しなければならない局面があるのです。

相手が話し好きで、雑談がどんどん展開していくタイプならよいのですが、そういう相手はあまりいません。

たとえば近頃の世相の話題を振っても、「……そうですね」とあっさり答えられて沈黙が訪れるというケースもよくあります。会話が続かないことは、緊張を高める大きな理由のひとつです。

では、雑談力を身につけるにはどうしたらいいのでしょうか。

営業マンの場合、とにかく相手を褒めることが基本的な所作ですが、もし会話が続かないようならば、雑談の鉄板ネタを用意しておくと便利です。

たとえば質問ネタで、「休日は何をされているんですか？」というのがあります。そこで「旅行に行く」や「釣りに行く」という答えが返ってきたらしめたもので、相手の趣味の情報から話題を広げていくことができます。

「昼過ぎまで寝ていますよ」という答えの場合、「不健康ですね」という否定的なリアクションは絶対ＮＧ。「自分も同じです」と同調しながら、「寝るのは一番の健康維持ですからね」と、相手を褒めるワードを入れてみましょう。

また、「休みの日は食べ歩きをしています」という返答なら、「おいしい店を教えてください！」という質問に持ち込みましょう。

ちなみに、雑談では何を言われても知らないフリ・わからないフリをしたほうがいい場合があります。「あの店がおいしいんだよ」と教えられたら、「知りませんでした。今度、その店に行ってみます！」と言えば、相手も気持ちよくなります。凄く価値のある情報を教えてもらっているという立場になりましょう。

ときどき自分の知識を振りかざして、「あっちの店のほうが……」と言う人もいますが、そんな会話のマウントをとっても何の得にもなりません。

営業の雑談が似ているのは接待マージャンや接待ゴルフです。

How to speak

極論を言ってしまうと、相手が気持ちよくなればOK!

マージャンもゴルフも下手ではダメです。ある程度の腕で、ペースを崩さずにお客様とゲームを進めるのですが、もちろん勝ってはいけません。ゴルフでホール・イン・ワンなんかしたら懲戒ものです。

雑談も一緒で、相手にイニシアティブをとらせている印象になるようにします。一瞬でもイラッとされることのないようにしなければなりません。

雑談で良好な人間関係を築くために、用意した鉄板の質問ネタを空気を読みながら入れ込んでいきましょう。

〝営業は自分ではなく、
相手をメインに考えなければトップになれません〟

〝筋肉をつけると、
見た目以上にさまざまな面で
よい効果をもたらします〟

〝冗談のように聞こえるでしょうが、
ニコニコするだけで不思議と商品が売れるんです〟

〝会話はキャッチボールですから、
相手と同じペース、リズム感で返球しないと
成り立たなくなります。
ゆるい相手のボールを、速球で投げ返したら
キャッチボールではなくなってしまうのです〟

〝会話が続かないことは、
緊張を高める大きな理由のひとつです〟

ラファエル式
ビジネス会話講座

VOL.3

～依頼編①～

上司に資料や書類を見てもらう際の正しい依頼の仕方

✕ 資料をつくったんで、見てもらっていいっすか？

〇 作成しましたこちらの資料にお目通しいただけませんでしょうか？

資料や書類などの確認は、上司や目上の人の仕事です。忙しい時間を割いて見てもらうのですから、できるだけ丁寧にお願いするのが礼儀というもの。「見てもらってもいいですか？」よりも「ご確認いただけますか？」のほうがベターですが、一目置かれたいなら「お目通しいただけませんでしょうか？」という表現のほうがいいと思います。ちなみに「お目通し」は、はじめから終わりまで一通り、という意味になります。

第4章

トップに立てる！
ラファエル式・
話し方の技術

TOP

トップ

01

相手がどんな人であっても、営業マンは対応できる

立場や経験、年齢、性別、知識量など、さまざまな相手とのトークを必要とする営業の現場。商談の担当者が、自分よりも明らかに年下ということも少なくありません。しかし、営業マンだったら誰に対しても敬意を払うべきです。絶対にマウントをとろうなどと考えてはいけません。常にへりくだって、相手に気持ちよくなってもらう姿勢が基本なのです。

また、会社の規模などで対応を変えるようなこともしてはいけません。相手の会社が格下に見えていても、その親会社が大企業ということもあります。**上っ面の印象で扱いを変えようとはせず、誰に対しても敬意を払って接しなければならないのです。**また、担当者となる主任や係長、課長の中にはとても腰の低い方がいます。社長さんでも、雇われている立場の方だと気さくな方がいらっしゃいます。そんな気さくな方たちにも、しっかりと敬意を払いましょう。敬語は相手とスムーズにかかわっていくためのツールです。正しい敬語が使えているかどうかは、自分の評価にもつながる査定ポイントといえます。

基本的なことですが、敬語は「尊敬語」「丁寧語」「謙譲語」に分けられます。尊敬語と丁寧語は、相手を自分よりも上に見て話す話法です。「言う」を「おっしゃる」

に、「食べる」を「召し上がる」に変換するのは、もはやビジネマンなら初歩中の初歩でしょう。丁寧語は、いわゆる「ですます」口調の丁寧な話し方ですが、社会経験のない学生でも使える話し方だと思います。

自分や身内を低め、へりくだることで相手への敬意を示したり、立てたりするのが謙譲語です。「言う」なら「申し上げる」、「食べる」だと「頂戴する」という表現になりますが、こちらも必ず活用できるようにしておきましょう。

もちろん、敬語を使えばよいというわけではありません。丁寧な言葉づかいでも、本心を読まれて上辺だけだと思われることもあります。

相手を心から好きにならなければ敬うことはできません。言葉に気持ちを乗せることがもっとも重要なのです。

また、営業マンは競合他社の製品をけなすこともNGです。敬意を表すのは、お客様に対してだけではなく他社にも必要です。

お客様がこれまで使っていた他社製品ならなおさらで、自社製品に乗り換えさせようとして他社を否定するのは、それを気に入って購入したお客様の判断を否定することになります。「あちゃ～、こんなダメな商品を置いちゃったんですね」と言っているようなものです。

笑い話のようですが、実際にこの地雷を踏んでしまった同僚がいたので注意してください。商品の悪口は、それを選んだお客様をディスっているのと同じです。営業マンとしての模範解答は、しっかり他社製品を褒めながらも、自社製品はもっと優れていると説明することです。

ちなみに、僕はすべてのお客様のことを好きになりましたが、プライベートでは会いたくないと思う人も多かったです。仕事と割り切っていた部分もあったから、誰とでも話すことができたのかもしれません。

How to speak

大好きというマインドセットが言葉に深みや重みを持たせる

TOP

トップ 02

ユーモラスな人間は絶対に好かれる!

自分を卑下して相手を立てると、相手側の気分がよくなり、結果的に両者の距離が縮まっていきます。つまり、自分を小さく見せることで、自然に相手から好かれるようになるわけです。

営業マンの目的は会社の利益を出すこと——。「目的とは何か？」を最初に考え、そこから論理的に思考を展開する「目的論的論法」というものがあります。古代ギリシアの哲学者・アリストテレスが唱えたものですが、営業マン時代の僕はその論法に従っていました。

自分の目的は営業成績を上げることです。そのためには、多くの契約を結ばなければなりません。**当然、相手を立てるし、何とか好かれようと必死になります。**

ちなみに、相手を立てるにもどこかにユーモアを交えながらトークを進めるのが効果的です。たとえば、相手の会社を褒めるときも、「ウチの会社はプレハブみたいな簡素な建物なのに、御社はとても立派ですね！」と言えば、相手の笑いを誘うことができます。

また、夏の暑い時期の取引先回りでも僕はきっちりとしたスーツを着用していました。これは見た目をよくさせる効果だけではありません。

「○○さんとお会いするのに、ワイシャツだけでは来ることはできませんよ」と言えば、ユーモアとともに自分は格下という気持ちを伝えることができるのです。

ニコニコしながら「うちの会社がスーツを着ていけって言うんですよ。クールビズが主流なのに、うちの会社は考えが古いんですよね」と言えば、相手は必ず「暑いなら脱ぎなよ」というリアクションをしてくれます。そうすれば、お客様に自分が許可をする優位な立場であるとも思わせられます。言葉で「自分は格下」と言わなくても、ユーモアを交えながら相手を立てることができるのです。

さらに、「○○さんは親分肌で筋が通っていますよね。自分の上司も見習ってほしいですよ。○○さんの下で働きたいな。雇ってくださいよ！」と続ければ、さらに相手は気持ちよくなり、優越感に浸れるはずです。そんな感じで、**僕の営業マン時代はいつも子犬みたいにキャンキャンと相手のところに行って、へりくだっていました。**

相手が何か間違ったことを言っても、「そうですね」と黙って聞いておけばいいんです。「でも……」と反論してしまうのは、営業マンにとって何の得もありません。「でも……」は、営業マンにはまったく必要のない単語です。

もちろん、上辺だけの発言では、相手を気持ちよくさせることはできません。その場限りでも、お客様に好意を寄せるのが大事なことです。

水商売の接客業を思い出してください。たとえば、キャバクラのトップのお姉さんの接客は凄いと思います。別にお客様と付き合うわけでもなく、ニコニコと笑顔のうちに高額な料金を払わせたりします。彼女たちが営業マンをやったら、それなりの数字を出すはずです。その場を盛り上げながら、お客様を立て、最終的に高いお金を払わせるトーク術には参考にすべき点がたくさんあります。適切なユーモアを交えるへりくだりは、営業をスムーズにしてくれるテクニックなのです。

How to speak

和やかなムードをつくるために話に笑いを織り交ぜよう

TOP
トップ
03

自己主張がないのなら〝自己主張風〟の意見でいい

相手を立てたり、自分がへりくだったりすることは営業マンとして重要ですが、それだけではいけません。お客様を立てながらも必要以上に同調せず、上手く自己主張をしていかなければ契約成立には至らないからです。**完全なYESマンになってしまったら、営業マンとしては失格です。**

しかし、自己主張、つまりあなたの意見が求められたとき、何と答えればよいのでしょうか。話し方が上手い人は、意見を求められたときの切り返すタイミングやテンポがいいものです。

たとえば営業のクロージングで、商品の最終的な選択肢が二つ残ったとします。あなたはAがよいと思うか、それともBがよいと思うかと聞かれたとします。実は、これらは大した選択肢ではありません。迷わず、自分が売りたいほうを指せばよいのです。しかし、あなたは信頼されて意見を求められているのですから、自分の利益になるような答えをするとお客様も引いてしまいます。

そこで、「どちらもいいと思いますが、個人的にはAが好みですかね」、もしくは「Bが一番売れているんですよ」とし、強い主張は控えたほうがいいでしょう。自己主張を自己主張に感じさせず、目的のゴールに誘導していくのが営業マンの腕の見せ所です。

「個人的にはAが好みですね」という答えは、相手があなたに好意を持っていればプラスに働く主張方法です。「あなたが好きなのだから、わたしもこちらを選ぼうか」となるわけです。

一方、「Bが一番売れている」は、多くの世間一般の人が選んだことは正しいという社会的証明の情報を与える主張方法です。

ほかにも、医者や科学者といった専門家の意見があると、話の内容に信頼性を持たせることができます。よく「○○氏監修」の商品があると思いますが、○○氏を知らなくても、何となく信頼できそうな商品に感じますよね。

あと、「これ、もう残りが少ないんですよ」というような希少性を訴える方法もあります。残りわずかなものや珍しいものなど、入手困難なものほど人は欲しがります。

これらは自己主張を自己主張と気づかせずに、相手の考えをゴールに誘導するための方法論でもありますが、「話すのが苦手」「とくに自分の意見がない」という人にも使えます。

つまり、「あなたはどう思いますか？」と意見を聞かれても、他人の意見を自分の

How to speak

自分の意見がなければ他人の言葉を借りればいい

意見として言えばいいのです。「何とかして自分の意見を言わないと……」などとプレッシャーを感じて言葉を詰まらせるよりも、「世間的には人気みたいですね」と、さらっと返してしまったほうが会話はスムーズになります。しかも、「世間的にはそうかもしれないけど、わたしはちょっと違うかなぁ」などと、勝手に話が弾めばなおさらです。

自己主張がなければ、〝自己主張風〟の意見を言いましょう。

TOP
トップ
04

機転とスピード感を手に入れましょう

信頼関係はとても壊れやすいものです。ほんの少しの要因で大きく崩れることもあります。しかし、その理由がわかれば、信頼を再構築、または取り戻すチャンスになります。

仕事上、信頼関係の修復に必要なのは、「スピード感」と「機転」だと思います。

あなたは取引先との打ち合わせの時間を守りましたか？　5分遅れませんでしたか？　遅れたときにすぐ謝罪しましたか？

お客様に質問されて「その点は確認して、折り返し連絡します」と何度も答えてしまったり、その連絡に手間取ったりしませんでしたか？　もっと機転を利かせて、よりよい方法をとろうとしましたか？

機転は何より重大な武器です。

たとえば、食堂に入って「このセットは大盛ができますか？」と聞いたとしましょう。そのとき、フロア係のアルバイトが「できません」ではなく、「少々、お待ちください」と奥まで行って店長に確認してくると印象は大きく変わります。

当然、お店では「大盛はできないから注文を受けるな」と指示されている場合はあります。それでも、すぐに店の奥に確認に行く作業、「お客様のことを一生懸命に考える」そぶりは大事なのです。

そして、ポイントはそのあとの言動です。機転を利かせてどう断るか。「大きな皿がないんです」、「お皿が2枚になってしまうので……」など、お客様を怒らせることなくあきらめてもらえるかが重要です。

これでは嘘をつくことになるじゃないかと思う人もいると思いますが、昔から嘘も方便ということわざがあります。

もし、自分の大好きな彼女や彼氏が困っていたら、どういう行動をとるかは決まっていますよね。すぐに動いて、機転を利かせて問題解決を急ぎませんか？　お客様だって同じです。その場の嘘だと思える解決法でも、最終的にきちんと納得させれば嘘であっても問題ありません。営業マンでもときどき、正直で『ONE PIECE』のルフィみたいなまっすぐさを持つ、とても「いいやつ」がいます。でも、そういう人はお客様には気に入られるけれど実績は出ません。したたかさがないと営業の世界では成功することはできないのです。

営業マン時代、ある取引先で契約を結んだあとにこんなことを聞きました。

「なぜ他社よりも高い商品を扱う我が社と、契約していただけたんでしょうか」

How to speak

秒で話せ！　秒で動け！
機転とスピード感が重要だ

お客様の答えは単純明快でした。

「そりゃ、一番先に君が来てくれたからだよ」

もし僕が取引先から電話をもらい、そこから資料づくりをして、社内の段取りを終えてから出かけていたら契約は取れなかったかもしれません。

とにかくカバンひとつで駆け出し、お客様を納得させたから成功したのです。資料は「あとでお持ちします！」のひとことで十分です。

機転とスピード、そこから発する言葉、これらは営業マンならずとも人間関係においてとても必要なことではないでしょうか。

TOP
トップ
05

楽し気な未来を
イメージさせる
言葉を考えてみよう

営業トークでは、性能や値段よりもベネフィットを語るほうがいいということをすでに書きました。もう少し分析してみましょう。

TV-CMを観てください。商品性能やスペックを長々と説明するよりも、商品を使うとどうなるかというイメージを伝える映像がほとんどです。自動車なら家族で仲よくドライブするCM、シャンプーならサラサラの髪をなびかせた女性が元気よく街を歩くCMです。小難しい理屈よりも、その商品を買うとどうなるかを示されたほうが「なるほどね！」となる消費者のほうが多いのです。

言い換えれば、ベネフィットは自分の未来を感じさせる言葉のこと。ほとんどのCMが性能より将来像のイメージを伝えるものです。

営業トークでも、商品メリットよりベネフィットを多めに伝えたほうが契約をとりやすいのです。

ベネフィットは商品が何であれ、開発や販売が決まった時点で決められます。簡単にいえば「キャッチコピー」です。ベネフィットはひとつの商品に2、3個あれば十分。もしベネフィットが決まっていなかったり、特定のお客様への営業にそぐわないモノであったりすれば、自分で考えてしまえばいいのです。

お客様がその商品を使うとどんなプラスがあるのか、自分の言葉で考え出してみましょう。車、不動産、ゲーム機、食品、日用品など、ベネフィットはどんなものにも存在します。たとえば、100万円のスーツはどうでしょうか。それを着たら同じスーツを持っている人と繋がって、もっと「成長して高いステージに立てる」がベネフィットになるでしょう。高級感のあるデザインや着心地のよい素材感、流行のシルエットというのは商品説明であり、ベネフィットではありません。

英会話の教材もそうです。教材を使って英語を覚えたら「10億人の人と会話できます」というのがベネフィット。英語を話せると収入が上がる、大学に入れる、出世する、ではないのです。

最近、こうしたベネフィットを上手く語って人気を集めているのが、「オンラインサロン」だと思います。オンラインサロンを開催している人には、うまい言い回しで未来を語って、たくさんの人を集客し、毎月、何千万円も稼ぐ人がいるのです。でも、グループに加わると、こんな人脈ができて社会の中で有利になりますとか、毎朝、ためになる文章を送りますよ、というメリットを宣伝する主催者はあまりいません。ベネフィットを語ったほうが効果的だからです。

How to speak

楽しい未来を想像させる人は一緒にいて居心地がいい

ただし、ベネフィットは商品によっては難しい場合もあります。つまり、お客様がそのベネフィットに必要性を感じていなかったら終了してしまうのです。

たとえば僕なんかは、どこのオンラインサロンにも入りたいと思いません。なぜなら、オンラインサロンの語る未来にはあまり共感できないからです。それよりも、「いまより必ず儲かります」と語られたほうが僕には魅力的に映ります。

ベネフィットか、それともリアリスティックか、会話力をつけるには話す相手がどういう人間かを見極める眼力が必要になります。

TOP
トップ
06

就業時間外の仕事から会話の糸口が生まれる

営業マンは常に仕事をしているようなものです。僕が心掛けていることに「仕事が終わっても、道の真ん中は歩かない」というものがあります。**仕事帰りに道の真ん中を堂々と歩いている姿を営業先の人に見られたら、「あいつ、本当は偉そうにしているやつなんだな」と思われてしまうからです。**営業マンは一瞬たりとも気が抜けない職業なのかもしれません。

仕事が終わったら、仕事からどれだけ距離を置くべきでしょうか。

いまだとコンプライアンス違反にはなってしまうのですが、営業マン時代の僕は家でできる仕事は絶対に会社ではやりませんでした。僕が在籍していた会社では、営業のツールとして会社概要を担当者がつくるのですが、会社でやらなくてもできたので家でやっていました。給料が歩合制だったので、会社では営業の仕事だけに集中したかったのです。

もちろん、こうしたやり方は営業マンそれぞれ。**僕の場合、コツコツと努力をするタイプだったので、仕事が終わっても完全に仕事から離れることはなかったのです。**

こんな風に気が抜けないと、仕事に関係するものがいつでも何でも目につくようになります。飲料水を販売している営業マンは、レストランに出かけても使われている水が気になります。酒造メーカーなら売られている酒が目につくでしょう。

ただ、僕の場合はプライベートの時間は直接的な営業は一切しませんでした。たとえば、接待なんかもまったくやりませんでした。

そもそも、自分のいた会社は、営業マンが接待をする経費の予算枠がなかったのです。交際接待費というのは、扱う商品の金額に応じて決まってきます。自分のいた会社は、役員レベルでも数万円の交際接待費しか使えなかったので、ほかの商社と比べれば雀の涙です。**会社的には申請さえすれば多少は出たのでしょうけれど、接待スタイルの営業をしなかった僕には必要がなかったのです。**

世の中には接待営業を嫌う風潮がありますが、単純にスタイルの問題なので、倫理的にどうこう言うのは間違っています。接待を必要とする会社や職種は、それがないと仕事が進まない構図になっているのです。

僕の先輩はマージャンができたので、商社のお客様を相手に接待マージャンに行っていました。芸能界では、接待ゴルフの最中に企画やスタッフィングが決まることが少なからずあるそうです。

経費がかかる接待をやらずに商品が売れるのなら会社も喜ぶのでしょうが、想定内

How to speak

時間外の仕事は苦痛だがきっとあなたの糧となる

の金額で仕事がスムーズになるのなら、するに越したことはないのです。

僕はどんな場合もプライベートを優先していたので、接待営業には無縁でしたが、お客様に聞いた情報を休日に確認しには行きました。こういうことがのちのトークに活かされます。

「この間、部長がおっしゃっていたお店、休日に彼女と行ってきましたよ。とてもおいしかったですよ！」とトークを展開する。すると相手も、その場限りで話を合わせているわけじゃないんだとわかってくれる。気を抜かないことが、盛り上げる会話をつくる秘訣なのかもしれません。

TOP
トップ
07

トップ営業マンは言葉で人を傷つけない

日本人の多くは人の頼みごとを断るのが下手だといわれています。断ったことにより、協調性が崩れてしまうのを恐れてしまうからでしょうか。

ではもし、あなたがお客様から無理な値引きなどを要求されたら、どう断りますか？

営業マンの中には「できないことはできない」と突っぱねるのが誠意と考える人や、反対に「断るのは悪い」と罪悪感を持つ人もいます。この二つの考えはどちらも正解ではありません。

断り方を間違えると、この先気まずい関係になってしまいます。

当然、「決まっているので」という杓子定規な答えを返すのはNGなので、そんなときはいったん相手の要求を預かります。しかし、会社に持ち帰るのではなくその場で結果を出すのです。

一体どういうことでしょうか。

「ちょっと上司に確認するので、電話をさせてもらっていいですか」と席を外すのですが、実際には電話をしません。トイレにでも行って席に戻るだけです。

これはお客様に対して、「自分は一生懸命あなたのために頑張っています」という営業マンの演出です。決してだますのではありません。お客様を気持ちよくさせるためのテクニックなのです。

席に戻ったら、上司や会社からＮＧが出たと告げましょう。「いろいろな線で当たってみたのですが……」と前置きして丁寧に断ります。

そして「おそらく現状の提案が、最善の値段設定かと思われます」と、相手の要求を一応は汲み取ったというスタンスを提示するのも大事です。本当は値引きを要求するお客様側も、別に原価を知っているわけではなく、どこまで下げられるかを手探りで交渉しているだけなので、このあとは営業のフォローで納得してもらいましょう。

また、お客様に対して「別の方法もございます」という代案で答える方法もあります。メンテナンスやオプション商品のサービスをつけることで、実質的に値段を下げたと同じことができるかもしれません。

それと、まだ値段を下げられる余裕があっても、いきなり底値を提示することはせず、段階的に下げていくのが営業マンの基本です。これは、自分の商品の利益率や、どこまで値引きできるかを知っているからできることです。

お客様は自分で安くさせたとか、得になる方法を見つけたと思うかもしれませんが、あくまで許容範囲内の取引になります。もちろん、それに気づかれてはいけません。

How to speak

心づかいができる人は、傷つける言動は絶対にしない

そして、説明の最後に「この値段でご理解いただけますでしょうか」と確認し、ダメな場合は「こちらの事情で大変申し訳ございません」と、あくまでお客様の自尊心を大切にする言葉でフォローを入れることも忘れてはいけません。

日常的な会話でも、断るシチュエーションはたくさんあると思います。重要なのは、相手の自尊心を傷つけないこと。そうすれば、好かれる人になれるはずです。

TOP
トップ
08

ビジネスでも人間関係でも「お試し体験」は効果抜群

商談のクロージングで「ここで契約の話をしたら、せっかく築いた関係性が崩れるかも？」などと考えてしまうことが営業マンにはあります。特にあまり営業の場数を踏んでいない、若手にありがちな不安です。

そこに至るまできちんと営業の段階を積み重ねてきたのなら、そんなものは杞憂にすぎません。セオリー通りにやっていない人以外、ミスを起こすことはあり得ないと思います。もし心配になっているのなら、それは自己中心的な営業の結果であり、相手のことを考えられていない証拠です。

もちろん、最後の最後に契約が結べず、破談になってしまうこともあります。たとえば、裏側で競合他社が競っていた場合や、決済者と直接話ができていない場合は厳しい結果になりがちです。

万が一、契約がとれなかったら当然のことながら再チャレンジをします。どんな会社でもだいたい2年経ったら人事異動があるので、期間を空ける必要があります。しかし、それは営業を担当する管轄が広い都市の話。小規模な街だと営業ができる地域も狭いので、2年も経たないうちに区域内の会社を回り切って担当者が変わる前に再営業になることも……。

そうならないためにも、契約成立の確率を最大限に引き上げるには、お客様に所有者意識を持ってもらうという手があります。

それは何か？　お客様にサンプルを渡して使ってもらうという手法です。もちろん、「使っていただいても、買わないお客様もたくさんいますよ」とひとこと添えれば、警戒心やプレッシャーは薄れるはずです。

近年、日本でもペットブームが高まっていますが、ペットショップに行くとペットを抱っこさせてくれるところがあります。これは営業マンの視点から見ても、絶大な効果を発揮するやり方です。一度ペットの魅力を体験してしまうと、飼い主候補者は手放せなくなってしまいます。こうした心理を利用した手法は、最近では「子犬クロージング」と呼ばれていますが、所有者意識を持たせる最強の手法です。

また、自動車の試乗やフィットネスクラブや美容外科の体験施術。模型を少しずつ組み立てる週刊のパートワーク雑誌の創刊号が安いのも、この類。スーパーのお惣菜コーナーの試食なんかもそうでしょう。世界中のあらゆるジャンルで使われている営業手法です。

How to speak

会話の糸口は、ペットショップから学べ！

これらはビジネス成功の秘訣でもありますが、関係性を深める糸口としても有用だと思います。日常会話に置き換えるなら、「お茶しませんか？」「一杯だけ飲みませんか？」などの誘い文句がそれに近いでしょう。人と人との関係で、一瞬で意気投合することなんてほとんどありません。

まずはちょっとしたことを提案して、徐々に親睦を深めてみてはいかがでしょうか？

〝丁寧な言葉づかいでも、本心を読まれて
上辺だけだと思われることもあります〟

〝○○さんは親分肌で筋が通っていますよね。
自分の上司も見習ってほしいですよ。
○○さんの下で働きたいな。雇ってくださいよ！〟

〝残りわずかなものや珍しいものなど、
入手困難なものほど人は欲しがります〟

〝もし、自分の大好きな彼女や彼氏が困っていたら、
どういう行動をとるかは決まっていますよね。
すぐに動いて、機転を利かせて
問題解決を急ぎませんか？〟

〝ベネフィットか、それともリアリスティックか、会話力をつけるには話す相手がどういう人間かを見極める眼力が必要になります〟

〝この間、部長がおっしゃっていたお店、休日に彼女と行ってきましたよ。とてもおいしかったですよ！〟

〝重要なのは、相手の自尊心を傷つけないこと〟

〝人と人との関係で、一瞬で意気投合することなんてほとんどありません〟

ラファエル式 ビジネス会話講座

VOL.4

～依頼編②～

上司の知人や取引先の方を紹介してもらいたいときにお願いする言葉

✕ ○○さん、
つないでほしいんですけど。

○ 大変恐縮ですが、
どうかお取り成しのほど、
よろしくお願い申し上げます。

同僚だったらまだしも、上司に「つないでほしい」と言うのはＮＧです。せめて、「ご紹介ください」とか「お引き合わせ願えませんでしょうか」というような表現がベター。ちなみに、僕だったら「取り成す」という言葉を選びます。事が上手く運ぶよう取りはからうという意味で、仲介者となってくれる上司への尊敬の念が込められています。相手を立てたり正しい言葉を使えたりしなければ、紹介するに足る人物にはなれません。

第5章

聞く力を養えば、
話し上手になれる

ABILITY TO HEAR

聞く力

01

短編小説を読んでいるような楽しいひとときをつくる

よく「話し上手は聞き上手」といいますが、スムーズなコミュニケーションをはかるには、よい聞き手になることは重要です。

実際、営業の現場においても、話すだけでなく聞く力も必須のスキルになってきます。お客様のニーズをしっかりとヒアリングできないと、どんなサービスをしてよいのか、まったくわからなくなってしまいます。

お客様の話を聞く姿勢――本書で何度も書き記していますが、「相手が好き」という大前提があります。だからこそ、話を聞くのです。大好きな彼女や彼氏の話を聞き流すことはしませんよね。お客様の話も集中して聞きましょう。

アメリカの心理学者ウィリアム・ジェームズは、著書の中で「人間の持つ感情のうちでもっとも強いのは、他人に認められたいと渇望する気持ちである」と語っています。人間は、自分自身のことを「価値ある存在」だと思いたいのが普通で、また他者からも、自分のことを「価値ある存在」と認め、そのように扱ってほしいと望んでいるのです。

人の話を聞くことは、その人を肯定することとイコールです。それゆえに、話を聞ける人ほど顧客との信頼関係が強くなります。こちらの聞く姿勢が整っていれば、どれだけ無口なお客様でも口を開いてくれるものです。

聞く姿勢がしっかりしていると、商談の窓口になっている担当者のおじさんが、まるで水を得た魚のように気持ちのよいひとときを過ごしたりするのも珍しいことではありません。営業マンは何を聞いても超ＹＥＳマンに徹してくれるので、話をすればするほど大喜びしてくれます。商談の場が、普段の職場にはない癒やしスポットになっているのでしょう。

こうなると、両者の間には信頼関係が生まれます。お客様は気持ちよくなるのと引き換えに、営業マンの要求をいろいろと飲むようになります。

そう聞くと、相手は出世コースから外れたおじさんのようにも思えますが、そんなことはありません。決済を持っている、ある程度の肩書の人や重要なポジションの人もいるのです。

話を聞いてほしいという欲求は、誰もが持っています。**営業マンが訪問するのは、ある意味話を聞くことでお客様を気持ちよくし、日常のストーリーとは異なった、ひとときの「短編小説」を読むような空間をつくる作業だと僕は思っています。**

ちなみに、この「聞く」というスキルは3種類の「きく」が合体したものです。

How to speak

話し相手の承認欲求を満たす〝聞き上手〟を目指そう

通常の「聞く」は、とにかく相手の言葉を耳に入れることです。どんな言葉や音でも、ひとまず受け入れる「きき」方です。

「聴く」は、相手の表情やしぐさ、言葉や音の裏側までをも読み取って、真剣に「きく」ことです。音楽を聴くときにも使いますよね。

最後の「訊く」は知りたい情報をたずねることです。相手の不明点を質問したり、相手がわかっているかどうかを確認したりする「きく」です。

こうした「きく」スキルを使い分けながら、お客様の「価値」を探し出すと、やがて聞く力だけでなく話す力も養われるのです。

ABILITY TO HEAR

聞く力

02

「うんハイ」で聞き流すのも聞く力

営業マンの中には、他人の話の理解力が低い人もいます。新人の営業に同行すると、お客様との間のコミュニケーションが嚙み合っていないことがたびたびあります。

他人の話を聞く力が弱い人は、いろいろ足りない部分が共通しているようです。

たとえば、早合点、早とちりは、誰でも陥ってしまう失敗です。ちょっとだけ聞いた話を早めに理解しようとして間違ってしまうのですが、「一を聞いて十を知る」は、よほど読解能力が高くないと難しいのも事実です。チャレンジするには、あまりにもリスクが高い手法といえます。

頑張って話すことを考えていると、相手の話を聞き逃してしまうというのも、営業あるあるです。でも、これは事前のイメージトレーニングが足りないことに尽きます。営業シナリオを想定し、商品知識を十分に持ち、何を聞かれても大丈夫な状態にしておけば話すことを考えなくても、自然に言葉が出てくるはずなのです。

上司や年配者がやりがちですが、人の話を聞くときに腕組みをしたりするのは完全NGです。ゼスチャーには気をつけないと、知らないうちに相手に敵愾《てきがい》心を持たれるので注意しましょう。無表情も、隠し事があるように捉えられ警戒されてしまいます。

表情は相手の顔を見て、ニコニコしているのが営業の基本。リアクションを大きくして、話に夢中になっていることも演出しましょう。また、相手にそれとなく手のひらを見せると、無意識のうちに警戒心が解けていく心理効果があるそうです。

お客様が興味のない話をするので聞く気になれないという人も、若手営業マンには少なからずいます。相手の話題に対する理解力がないだけでなく、何と答えたらいいのかわからないという意味もあるようです。

そんなときは簡単です。**たとえば、今日のニュースの話題を振られたら知らなくても「うんうん、ハイハイ」と乗り切ればいいのです。もちろん相手には「詳しいですね」と付け加えることを忘れずに。幕末の人が「YES」と「NO」だけで外国に行ってしまったのに似ているのかもしれません。**

取引上の危ない勘違い以外だったら、不明な箇所があっても、一切質問はせずにすべて「うんハイ」で聞き流します。

飲料水を売る場合、商品が何cc入りかを勘違いされたら大きなクレームになるので再確認をしますが、硬水か軟水かを相手が勘違いしていても「うんハイ」で終わらせます。

間違いを指摘することは相手に恥をかかせることなので、基本的に僕はしません。もし相手が途中で間違いに気づいたら、僕も一緒に気づいたふりをして、「すいません、僕が間違えていました！」と言えばいいのです。「あなたの間違いはバレていませんよ」という演出をして、こちらがミスを引き受けるのです。
ちなみに、新人営業マンに同行した際、現場をあとにしてから「お客様はそういう意味で言ってたんとちゃうで！」と指摘したことが何度もありました。聞く力は一朝一夕では身につけられない難しいスキルなのかもしれません。

How to speak

人の話はよく聞きながらも、力を抜けるところは抜く

ABILITY TO HEAR

聞く力

03

質問という球を投げて会話のキャッチボールを継続させる

商談の場でお客様と話をしたとき、あえてこちらから質問を投げかけるパターンもあります。その質問に答えてもらうと、ひとつの話題をめぐる会話のキャッチボールになって盛り上がり、相手が正直な人であれば、受け取る答えはもっとも信頼性が高い情報になります。

相手に質問することは、会話のリズムを整えるためにも役立ちます。漫才でも会話の中に必ず質問が入っていますが、これはネタの話題を具体的にしながらリズムを整えるためにあるのだと思います。

こうした質問には「オープンクエスチョン」と「クローズドクエスチョン」の２種類を使い分ける必要があります。

前者は「この料理はどうですか？」と相手の自由な考えを聞く質問で、後者は選択肢を設定して「おいしい？　まずい？」と答えの範囲を狭める質問です。もちろん雑談を広げていくには、「オープンクエスチョン」が最適です。

「クローズドクエスチョン」は、あらかじめ答えが予想できるので、端的に答えが欲しいときに使われます。別の話題に移られたくない場合や、相手に自由に考えさせたくない場合、たとえば誘導尋問をする場合にも使われる質問形式です。

しかし、「オープンクエスチョン」の質問をした場合、お客様が意図を理解して、正確で過不足のない答えを返してくれることはなかなかありません。

最初にどんな情報が欲しいのかを考え、上手に質問しなければ、欲しい情報を手に入れることはできないのです。

質問の根本になる基本形は6つあります。

文章をつくるときに考えなければならない「5W1H」です。「What(何)」「Who(誰が)」「When(いつ)」「Where(どこで)」「Why(なぜ)」「How(どのように)」の6要素で、情報の基本形です。

これらの要素を質問に入れていくと情報を正確に聞けるわけですが、相手に考えさせるという負担を与えていることを忘れないようにしてください。**特に「Why(なぜ)」は論理的な質問で、ときには非常に感覚的になる場合があるので、相手をイライラさせることもあります。質問をする場合は答えやすい質問をするべきです。**

もし答えの情報量が不足していたら、続けて質問をします。でも、同じことを何度も聞いたらしつこいヤツだと思われます。

そこで、ひとつのワードを深掘りしていく方法をとることをおすすめします。僕が実際に使うのは3つほどです。

①質問「もっとわかりやすくたとえると、どういう感じですか?」
②要約「つまり、それって○○ということで合っていますか?」
③定量「数量でいうと、具体的にどれくらいになりますか?」

こうしたテクニックを組み合わせて簡単な質問から入って、より具体的な情報を引き出していくのです。

その際、自分がバラエティ番組の司会者になったつもりで、あくまでお客様を主役に置いて、徹底して気持ちよくさせるのが大事です。これはビジネスにおいてだけでなく、日常会話を盛り上げるスキルだとも思うので、ぜひとも参考にしてください。

How to speak

「言葉を受け取ったら投げ返す」は会話における基本です

ABILITY TO HEAR

聞く力

04

どんなことでもチャンスに変換するマインドを持とう

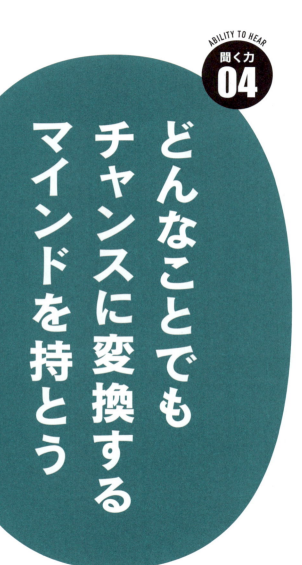

お客様の話にいかに上手く切り返せるかも営業マンの腕の見せ所です。

「俺、こう見えて昔はワルかったんだよ」という武勇伝だったら、僕ならこんなリアクションをします。

「やっぱりそうですか。こういう言い方は失礼かと思っていたんですが、〇〇さんてめちゃめちゃ親分肌なんで、最初チョー怖かったですもん。絶対、やばい人だなと僕は思っていました。やっぱりそうですよね。今でも出ていますよ、人とは違う恐いオーラが。あー、無礼なことしないでよかった～！」

こういうお客様は実は少なくありません。**お客様が何を言いたいかを分析すると、「実はオレは怖いんだぜ。それをわかってほしい！」ということなのです。そうでなかったら、わざわざそんな話を出すわけがありません。それを受けた営業マンは、お客様の望む方向に話を持っていかなければならないのです。**

お客様によっては愚痴もあります。「いや～、最近の若い社員はねぇ……」と。

僕のリアクションはこうです。「僕も今日昨日くらいに社会に出てきた人間なんで、あまり偉そうなことは言えないですけれど、御社にお邪魔したときに社員の皆様は礼儀正しかったですよ。挨拶もご丁寧でしたし。〇〇さんは、外の人間が見えないところで、意外とご苦労やご心配をされているんですね。僕も気づかないところでいっぱい失礼なことをしているのかもしれないです。本当に申し訳ございません」

この返しのポイントは「社員さんは礼儀正しかった」と相手の部下を褒めること。部下をディスっていいのは、その上司だけなのです。また、とりあえず「申し訳ありません」と自分も謝っておきましょう。理由はなくても謝っておくと、「いや、君のことじゃないんだよ。君はしっかりしているよ」という評価にもつながります。

話したことを忘れるのか、何度も同じ話で「おもしろいでしょ？」と笑いを迫るお客様もいます。そんなときは、当然、前回は聞いていないテイで「えーっ、そうなんですか！」というリアクションをとります。ただし、これは雑談での話です。仕事の話がループしている場合は、「それは前回もおっしゃっていましたよね。存じております」と確認しなければなりません。

また、時折「商品が話していた内容と全然違うじゃないか！」というクレームを受けることがあります。この場合は怒られている相手ではない人間が現場に行って、あえて怒られ役になります。怒られ役は最終的には気に入られないといけません。なので、ミスは自分の責任にはしませんが、相手が理不尽なことを言ってきても「それは

How to speak

どんな相手でも切り返すのが本当の会話力

うちの担当者のミスですよね」と、非を認めるのが正攻法になります。賠償問題に関わる場合は要求を否定しますが、そのほかは「うちの担当者が大変申し訳ございません！」と謝り続けます。最後は、必要経費をいくら使っても何とかおさめることになるのですが、クレームは怒っているお客様に気に入られるチャンスなのです。

お客様の怒りの感情を抑制して、笑顔に変える機会をつくるのがトラブル処理の担当者の仕事です。トラブルをお客様と一緒に乗り越えるわけなので、これをクリアすればピンチがチャンスになるわけです。

どんなお客様の話でも聞くのはビジネススキル。相手が怒っている状況でもチャンスに変換するマインドを持っていないと務まりません。

ABILITY TO HEAR

聞く力

05

経緯や数字的データ、相手の特徴など、営業データは記録しておく

お客様から「NOの言葉」を聞かされてからが営業の本番です。がんばって商品の性能やベネフィットを説明し終わったとき、「もうちょっと考えたい」などと言われても、ガッカリしているヒマはないのです。

そこから巻き返さないと仕事にはなりません。**「あきらめの悪いやつだな〜」くらい言われないと営業マンとしては半人前。クロージングの場面で、お客様から「やっぱりいらないわ」と言われても「はい、そうですか」と、簡単に引きさがったら仕事は終わってしまいます。**

お客様の断り方の対応策を考えてみましょう。

「今は現在の契約業者で満足しているんだよね」と言われたら、他社の条件を聞いて、値段で魅力を伝えるのか、性能で魅力を伝えるのか、営業戦略を再考すればチャンスはあります。値段的に高い物……たとえば住宅は無理ですが、高級腕時計くらいまでなら考え直してもらうことはできると思います。これは僕の経験ですが、実は生活にさほど必要ないものほど何とかなります。

「契約したいけど料金が高いよね」と言われたら、値段以外で魅力を伝えるしかありません。ベネフィットを変えるか、他社製品が安いカラクリをうまく説明するか。すべての手を尽くしてPRしても無理と言われたら、究極のクロージングである値段で勝負するしかありません。でも、値段を下げて売れるのなら、営業マンが誰でもいいことになってしまうので、僕なら今のタイミングでは縁がないと判断します。

「契約は上司の許可が必要なので……」というのも断わられる理由で多くあります。お客様には上司がいるので、決裁権を持っていないことも多いのです。お客様がYESと言える材料はほかに何かあるか、相手の気持ちに立って考えてみましょう。

たとえば、結果的に値段は高くなりますが、「グロスで買っていただくのはどうでしょう?」と、提案する方法があります。利益はその商品の中で帳尻を合わせればいいので、営業マン自身が原価率や製造単価などをきっちり把握しておく必要があります。

結局、契約することができなくても、営業マンの職種の巡回ペースにもよりますが、半年後から1年後にチャンスは巡ってきます。そのとき、担当者が同じだったら攻め方を変えてもいいかもしれません。

今度はベネフィットを熱く語る営業にしてもいいし、最後はお願い作戦という手もあります。ダメでもともとのしつこさでいきましょう。それでダメでも、1、2年経てば、取引先の人事は異動して担当は変わっています。

How to speak

お客様からNOを言われても落ち込まないメンタルを！

また、できる営業マンは名刺の裏にお客様の情報をまとめたりしていました。これは凄い知恵です。行った順番に名刺を並べておけば、以前の履歴を見てもう一度行くだけ。**営業に回ったのが大企業なら記憶に残るかもしれませんが、記憶に残らないような小さな会社は、どれだけデータを残しているかで再戦の勝率が変わってくるはずです。**

最後に、取引できなかったとしても次回の約束をするのを忘れてはいけません。「今度、試乗車が出るので持ってきていいですか」「新しい機器のパンフレットをお持ちします」。本当に相手を落としたいのであれば、徹底的にしつこくやるべきです。

ABILITY TO HEAR

聞く力

06

噛み合わない会話の歯車は自分から合わせていこう

新人営業マンとお客様との間の歯車が噛み合わない場面はたびたびあります。その原因は新人が営業慣れしていないことが一番です。お客様とコミュニケーションがとれないままいい加減な状態で契約をしてくると、1カ月後に契約解除という事態も珍しくはありません。

きちんとお客様の話を聞いて、ニーズを把握できるようにしましょう。

しかも、話を聞いているときに眠くなったりほかのことを考えたりしてしまう新人営業マンは少なくありません。**何とも次元の低い話なのですが、そもそも、いらないものを置いてくれ、買ってくれと交渉しに来ているわけですから、商談に集中できないのは自分の置かれている立場が理解できていない証拠です。**学生と違って、誰かに責任を転嫁して済む立場ではないので、プロフェッショナルに徹するよう自覚するしかありません。

また、新人のうちは自分の知らない業務のことを聞かれて頭が真っ白になってしまうこともあります。これもよくありません。

僕が営業マン時代に学んだことがあります。それはひとつ上の役職の仕事を完全に把握して、実行できる状態にしておくこと。自分が主任だったら、係長の仕事をこなせるようになっておく。係長だったら部長の仕事ができるようにしておきます。僕が係長のときは、2つ階級が上の課長の仕事を把握し、会計について勉強して、本社に提出する書類づくりをやっていました。

アメリカの政治の場合、副大統領は大統領の仕事ができます。自衛隊でも、作戦行動中に指揮官が死んだら、次の階級の隊員が指揮を執るよう決められています。

会社の仕事も一緒で、上の役職の仕事を把握することで自分が次に何をしたらいいのかわかるようになりますし、お客様の役職は上の場合がほとんどですから、会話を成り立たせるためにも有益です。

営業トークにも慣れてくる頃になると、ついついしゃべりすぎて、相手の話を遮ってしまった経験がある新人もいるでしょう。これはどう考えてもNGです。営業マンだけでなく、社会人としてやってはいけないことなのです。営業トークの主役はあくまでお客様で、自分は司会者という立場を忘れてはいけません。

相手の話し方が下手だとイライラするという新人は、あなたの聞く能力が低いからです。相手が話下手だったら、こっちが内容を嚙み砕いて要約し、「こういうことですね?」と聞きます。相手が「その通りです」と答えたら「なるほど!」と、相手の

How to speak

「聞いてますよ」というリアクションが大事

発言にしてあげるのです。イライラする必要はまったくありません。こうした要約力は、普段から、読んだ本や観た映画のストーリーを誰かに話して聞かせるというアウトプットの訓練をすると培われていきます。

お客様との間の歯車は、どれだけ自分が積極的に勉強し、意識して現場に行くかで噛み合ってくるのです。

自己中になって自分のやりたいことだけを優先させると、相手は気持ちよくなりません。ビジネスに限らず、会話というものはいち早く気持ちのよい空間の演出ができるかどうかが重要なことなのです。

ABILITY TO HEAR

聞く力

07

その人が嫌いではなく、苦手なだけ

人には誰にでも好きな人、嫌いな人がいます。同じように営業マンにも、好きなお客様や嫌いなお客様がいます。これは困ったことです。

人の好き嫌いは、長い間、生活時間を共にしたり、濃厚にコミュニケーションを取ったりすることで生まれます。相手の性格や考え方、生活ペースが自分とかけ離れているのが実感できてこそ、嫌いになるのです。

しかし、わずか1時間ほど、何カ月に1回のペースでしか顔を合わせないお客様が「嫌い」というのは、単なる思い込みにすぎません。

とくに営業職1年目、2年目だと自分がこれまで送ってきた人生で関わったことのないような人たちと会わないといけません。そのギャップが極端に大きいと、嫌いだと感じてしまうのです。

だいたい嫌われているのは、気難しい人やすぐに不機嫌になる怖い人ですが、その程度ならちょろいです。そういう人たちは意外にシンプルな思考回路なので、観察していけば喜ぶツボや怒るツボが見えてきます。対応するマニュアル、いわゆる「トリセツ」が薄い人なので、扱いは簡単な類。これは社内においても同じで、嫌いな上司というのはだいたいトリセツが薄い場合がほとんどなのです。

要は考え方しだいで、嫌いじゃなくて苦手なだけです。苦手な相手は自分をマインドセットしていくと、だんだんと好きに転換させることができ、攻略法を見つけられます。

僕自身も口数が少ないお客様は苦手でした。どんなに事前準備をして、気持ちよくさせようとしても、結局、商品説明をすることしかできなかったからです。でも、相手を好きだと思い込んで、何を望んでいるかがわかってくると、少なくとも苦手意識は消えていくものです。

営業マンにとってマインドセットは重要なスキルです。格闘技やスポーツもそうですが、マインドをつくって気持ちを上げると、どんな困難にも立ち向かえるのです。マインドセットは仕事に行く前に切り替えればＯＫ。常日頃からセットしておく必要はありません。

切り替えのタイミングは人それぞれですが、面白い人では、朝のゴミ出しの時間に近所のオバちゃんに大きな声であいさつをして切り替えるという人がいました。

馬が合う、または合わないというのは誰しもつきものです。つまり、意識して嫌いな人をつくらないことが重要なのです。

How to speak

そうそう人を嫌いになんてならない それは、あなたの思い込みでしかない

たとえば、嫌いだなと感じる男性のお客様に出会ったら、自分の婚約者のお父さんくらいに思ってみたらいいかもしれません。面倒くさいと思っても絶対にないがしろにできないと思います。**婚約者なんていないという人は、彼女のお父さんだと思って行動してみましょう。**

会話が上手になりたければ、嫌いな人をつくってはダメです。嫌いはその人を好きになるマインドがないということで、いつまでも話が嚙み合いません。

嫌いはあくまで思い込みのはずですから、直感なんかに頼らず、一度冷静になってみてはいかがでしょうか。

〝人の話を聞くことは、その人を肯定することとイコールです〟

〝間違いを指摘することは
相手に恥をかかせることなので、
基本的に僕はしません〟

〝自分がバラエティ番組の司会者になったつもりで、
あくまでお客様を主役に置いて、
徹底して気持ちよくさせるのが大事です〟

〝相手が怒っている状況でも、チャンスに
変換するマインドを持っていないと務まりません〟

〃お客様から「NOの言葉」を聞かされてからが営業の本番です〃

〃自分が主任だったら、
係長の仕事をこなせるようになっておく。
係長だったら、
部長の仕事ができるようにしておきます〃

〃マインドをつくって気持ちを上げると、
どんな困難にも立ち向かえるのです〃

ラファエル式 ビジネス会話講座

VOL.5

～お礼編①～

お世話になったお客様に伝える 正しいお礼の言葉

✕ この間はどうもサンキューです。

○ その節は大変お世話になりまして、ありがとうございました。

友達に対するお礼であれば「サンキュー」でもいいですが、ビジネスで使う言葉を選ぶのであれば、やはり「ありがとうございました」が基本です。また、「この間は」というのもカジュアルすぎます。大人の言葉選びをするのであれば、「その節は」という表現がベスト。丁寧な言葉遣いこそが、人に好かれる秘訣です。ちなみに、「ありがとうございました」とお礼の言葉を述べる際は、頭をしっかり下げて、態度にも表しましょう。

第6章

女性に対する話し方

TALK WITH A WOMAN

女性

01

女性に対する話し方は「共感」と「理解」が必要

世の中には、女性との話が苦手な男性もいると思います。しかし、最近ではプライベートだけでなく、仕事の場にも女性はたくさん進出しています。自分の上司や取引先の窓口が女性ということも当たり前になっています。

そんななかで女性との話が苦手なのは、自分の言いたいことが伝わっていないのではないかという思い込みと、相手の話がよく理解できないという理由から生まれるのではないでしょうか。

これは男性なら誰でも思っていることなので、変に構える必要はありません。反対に、女性も男性とは話しづらいのです。女性と男性の思考方法が違うために生まれるギャップです。

原因は遺伝子レベルの話か脳の構造の話になってくるのだと思いますが、そもそも個体が違うので、女性と男性の会話のかけ違いのトラブルは永遠に防ぐことはできないのです。

男性が行動する場合、結論を先に聞けばすぐにでも動きます。**ところが女性は、まず結論に達するまでの理由を「理解」「共感」してほしいと考えるといわれています。**

つまり、女性とのコミュニケーションには、細やかな「理解」「共感」が必要だとい

えるのです。

このとき反感を持たれていると、いくら相手を「理解」「共感」しようとしても納得してはもらえません。

男性は、女性に対してデートに誘うようなマインドで気配りをしましょう。別にイケメンになれとは言いません。最低限、清潔で小ぎれいにしておくという話です。営業マンで仕事のレベルが上がっていくと、髭《ひげ》が濃いなら脱毛してみるとか、ネイルサロンに行ってみるとか、歯をホワイトニングするなど、見た目を徹底的に磨く人もいます。

もちろん、自分だけではなく相手に関心を持つことも大事です。身につけている物を見たら、「その靴、可愛いですね」「そんなきれいなアクセサリーが売られているんですね」などの言葉は外せません。髪型が変わったら「すぐに反応しないといけない」といわれますが、ポイントは「前の髪型もとても似合っていましたけど……」と前提をつけることです。その女性が新しい髪型を気に入ってないかもしれませんし、以前からあなたを見ていますというPRにもなります。配慮もなく「いいですねー」と言うのは、褒め言葉にはならないのです。

How to speak

女性は不潔な男性を嫌うもの 話す前にしっかり確認を！

そして肝心なのは、細心の注意を払って話を聞くことです。聞くのは「結果」だけではありません。そこに達するまでの理由も、しっかり共感、理解しながらヒアリングします。

女性との会話は、とにかく実際に話してみて慣れていくしかありません。

よくTVで、心理学者の先生が「モテる会話法」をレクチャーするという企画を見かけますが、失礼ながらどう見ても先生自身がモテてるようには見えません。それは先生の会話法が、実戦で磨いたものではないからだと思います。それほど実戦は大事です。個人的に言わせていただければ、すべての面において配慮が細かい女性は、男性よりも話をしやすいと思います。

TALK WITH A WOMAN

女性 02

気づかいを探し出し、ひとこと感謝を伝えよう

男性でも女性でも、話をしていて気持ちよくなってもらうのがセオリー。しかし、相手が女性の場合は話し方や内容を変えなければなりません。そうした配慮を怠ると、熱心にトークを聞いてはくれません。

気分としてはガチで恋愛しにいくくらいの熱量を出しましょう。もちろん、本気で口説くわけではありませんが、「あなたのことが人として好きで、とてもなついていますというマインドに持っていくのです。

まず注意するのは声のトーンです。トーンが高い人は、少し低めを意識して落ち着いた雰囲気を出します。トーンを下げると男性として意識してもらえるので、安心感を与えることができるのです。

トークの「間」も重要です。女性との会話では、「話を理解する間」「惹《ひ》きつける間」「考えさせる間」を使い分けます。

重要なことを伝えるときは、相手が話の内容を理解しているかどうかを確認しながら話を進めます。ところどころで「話を理解する間」を入れることは大事です。トークの中で、もっとも伝えたいことを話すときは「惹きつける間」を入れて注意を喚起します。

その場で意見をもらいたいときは「考えさせる間」を取ります。ただし「間」は、沈黙とは異なります。沈黙は妙なプレッシャー与えたり、気まずい雰囲気になったりするので、10秒以上相手からの返答がなければ、こちらからリアクションを取りましょう。

話し方でもうひとつ大切なのが、自信を持った立ち居振る舞いです。女性は相手のしぐさを見逃しません。たとえば、営業マンが頼りなさそうなしぐさを見せると、商品の信用度も下がります。クロージングの緊迫した場面こそ、堂々とした態度を見せるべきです。

また、女性に対して感謝の念を伝えるのも大切なことです。普段、男性は女性の気づかいを見逃しがちです。特に日本の男性は、気づかってもらうのが当たり前という環境で生活を送っています。ビジネスにおいてお客様が女性の場合、必ず何らかの気づかいをしてくれているはずです。いち早く、それを探し出し、ひとこと「いつもありがとうございます」と丁寧に感謝をしてみましょう。商談の最中でも気づかいを感じたら、その場で嬉しそうにお礼を言ってください。人は、気づかれないような好意でも感謝されたら、好意で返したくなるものです。

How to speak

「ありがとう」「助かります」を口癖にしてみよう!

僕は営業マン時代、自分の会社の受付の女性社員にいつも感謝を伝えていました。**彼女たちには「君たちがいないと会社は成り立たないよ」「いつもありがとうね」と声をかけ、お菓子の差し入れもしました。すると、社内の重要な情報をくれたり、自分がミスをしたときに、それとなく上司に対してフォローを入れてくれたり、味方になってくれたのです。**

男性営業マンにとって、女性ほど心強い味方はいません。それは社内でも取引先のお客様でも変わりません。

女性とスムーズにコミュニケーションをとるには、話し方、話す内容を変え、相手の好意に感謝することから始まります。

TALK WITH A WOMAN

女性

03

下心が見え見えだと、すぐに見透かされる

取引先のお客様の女性には、さまざまなタイプの方がいます。若い新人さんからベテラン社員まで年齢や立場もいろいろです。

営業マンは、それぞれの女性にどんなスタイルで接するのがベストでしょうか。

そのときは先にも書いたように、スーツの数だけキャラを、ネクタイの数だけ技を持たないといけません。

営業マンのトークは、お客様の年齢が上か下かで変わってきます。キャラを頼りがいのある落ち着いた男にするか、可愛げのある弟分にするか、あるいは気さくな同僚キャラにするのか、お客様に合わせて変えていきます。

もちろん基本はへりくだった態度ですが、相手が年上でも年下でも、なついている感じを出します。

年上だったら「その年齢でその役職は凄いですね。僕も○○さんみたいになりたいです」「会社ではなく、○○さんが好きだから営業に来るんですよ」と、敬意を払いながら自分の気持ちを伝えます。

年下でも責任者だったら、まずは褒めちぎりましょう。「そんなに若いのに！　僕は同じころ鼻水垂らしていました」「ちゃらんぽらんでした」と自分を卑下するのは定番です。

見た目を褒めることも忘れてはいけません。2回目以降の営業で、僕がよく口にしていたのが「今日はメイクのノリがすごくいいですね」というものです。もし気心が知れた立場になってきていたら「足がすごくきれいですよね」とも言います。

ただ褒めるにしても、あんまり容姿に触れると、今ではセクハラっぽく感じる方もいるので、言葉のチョイスはくれぐれも気をつけてください。

ポイントは、女性たちが絶対にオフィスで言われないワードに着目すること。先に「感謝を言葉にする」と書きましたが、それほど女性は当たり前のことを言われてない場合があります。営業マンはそんなプラスの部分を見出して、ちやほやして、商談の場を特別な癒やし空間に演出します。

また、褒め言葉は「さりげなく」が大事です。押したり引いたりバランスを調整しながらトークしましょう。自分が褒め言葉だと思っても、おべんちゃらだとうっとうしがられます。ウザイと思われたら営業トークは何の意味もありません。

時折、形式的な話しかしないお客様もいます。僕の苦手なキレ者タイプなのですが、こういう女性は僕のトークはまったく聞かず、いきなり「結論はどうなの」とキャラ

How to speak

女性にも気持ちを乗せて話すことが重要です

を活かした技が通用しません。その場合は案件を持って帰って、資料をつくるしかなくなってしまいます。とはいえ、僕の経験からすれば、真摯な対応をすれば長くお付き合いをしてくれる方でもあります。

基本的に褒めて嫌がる人はいませんが、あからさまに商品を売りたがっているとか、気に入られようとする下心が見え見えだと、すぐに見透かされます。

それだけ「キャラ」や「技」の選び方、使い方は慎重にしなければなりません。女性は相手を見る角度が男性とはまったく違い、言動の裏側を見抜く直感に長けているのですから。

TALK WITH A WOMAN

女性

04

女性の気づかいを好意と受け取るな

気づかいや会話力は、僕は男性よりも女性のほうが優れていると思っています。これは何だかんだ言って、日本の社会がまだまだ男性社会だからです。横柄で無遠慮な男性社会の中で、女性はいろいろ気づかったり配慮をしたりしながら立ち回らなければいけません。そういう場面が多いからこそ、人に対する気づかいの経験値は女性のほうが男性よりもはるかに上なのです。正直、デキる営業ウーマンに僕はかないっこないと思っています。

とはいえ、男女雇用機会均等法のおかげか、日本にも女性の会社員が増えました。かつて女性は事務職が専門というイメージがありましたが、いまではあらゆる現場で、実力のあるたくさんの営業ウーマンが活躍しています。

これは本当に凄いことだと思います。営業マンにとっては驚異的な存在です。

僕の言う「女性の営業は自分の武器を知っている」は、女性らしさを売りにしているという意味です。でも、決してバカにしているのではありません。

男性と女性はそもそも違う生き物ですから、違いが武器になるのは当たり前の話です。**営業マンが男性を武器にするように、営業ウーマンも女性という武器を最大限に使うべきなのです。**

では、女性の武器とは何でしょう？　それは男性営業マンにはないものすべてです。たとえば気配りのきめの細やかさ、雰囲気を明るくし、和ませる華やかさです。

その基本は男性と一緒。身なりをきれいにする、髪を黒系の地味な色にする、長かったらちゃんと結ぶ、笑顔を絶やさない、など特殊なことはありません。こう書くと、考えが保守的で古いと言われそうですが、営業という仕事は個性とか、新しい考えかどうかなどはまったく関係ありません。むしろ、そうした「新しい」「古い」にこだわっている人の心理を分析して裏をかく、したたかで地道な努力が必要な職種です。

若手営業ウーマンはイヤらしくない程度まで、ぜひ女性らしさを使ってください。相手を好きになるマインドセットができたら、たいていのお客様は気持ちよくなって契約してしまうと思います。

また、男性側は女性から受け取るサインを過大評価しないように注意しましょう。鈍感な男性だと、女性の気づかいを好意と受け取ってしまう場合があります。勘違いをして「ご飯に行こう」とか「接待してよ」などと誘ってトラブルにでもなったら、会社間の問題だけでは済まなくなります。

ちなみに、僕が個人的に苦手とする女性は、プライベートな領域にずかずかと踏み込んでくるタイプの方です。時々、そういう女性に苦労させられました。

これは営業職というよりも、人間の在り方として見直したほうがよい点なのかもしれないですが、あなたも人生の中で、男性や女性に限らず、問題があるなと感じた人物を思い出してください。その人を反面教師にして、自分の言動を見直してみましょう。

きっと好かれる話し方のヒントが多く隠されているはずです——。

How to speak

気づかいができない人は横柄に生きているからだ

〝男性は、女性に対して
デートに誘うようなマインドで
気配りをしましょう〟

〝女性とスムーズにコミュニケーションをとるには、
話し方、話す内容を変え、
相手の好意に感謝することから始まります〟

〝僕がよく口にしていたのが
「今日はメイクのノリがすごくいいですね」
というものです〟

〝デキる営業ウーマンに
僕はかないっこないと思っています〟

ラファエル式
ビジネス会話講座

VOL.6

～お礼編②～

商談相手と契約が成立した際のお礼の言葉

✕ この度はあざーっす！

〇 弊社のサービスが
○○様のお眼鏡にかないまして、
光栄に存じます。

お礼の言葉は「あざーっす」ではなく、はっきりと滑舌よく「ありがとうございます」と言うのがビジネスマンの礼儀です。ただ、「ありがとうございます」と言うのもありきたりなので、「お眼鏡にかなう」という言葉を使いましょう。相手の選択眼を褒めつつ、そのあとに続く「光栄」という言葉で、自分の嬉しい気持ちも表現しています。こういう話し方をすれば、お客様も「契約してよかった」ときっと思ってくれるはずです。

第7章

トップYouTuberに学ぶ話し方

TOP YouTuber

INTRODUCTION

YouTuberには、営業マンがヒントにするべきトークの技術が隠れている

現在、さまざまなYouTuberが活躍していますが、その中で「話し方がすごくいい！」人をピックアップして紹介したいと思います。

トップYouTuberのしゃべりは、営業トークの直接的な手本になるわけではありませんが、いろいろな意味で参考になりますから、ぜひご覧になってください。

YouTuberには、YouTubeでデビューした「純YouTube系クリエイター」と、TVから進出してきた「兼業&転業系YouTuber」がいます。

実は純YouTube系クリエイターにはトークが上手い人はほとんどいません。

YouTubeで流されている番組は、チャンネル登録者、視聴者のニーズを分析しているとはいえ、自分が設定した時間の中で、自分が考えたシナリオを視聴者に一

方的にしゃべっているだけ。

あまりトークの技術を持たなくてもできるのです。

一方、TVや映画の世界では、決められた時間枠で、構成作家がつくった内容を演出家の方向性に従いながら、スポンサーの制約の中で番組をつくります。

お笑いの芸人さんは、その制約の中で観客に芸を伝えるトレーニングをしています。見せるためのスムーズな会話や、聞き取りやすいしゃべり方、立ち居振る舞いも研究しています。その技術を使って芸の腕前と自分のオリジナリティを発揮するのです。

芸人さんは数千人、へたをすると何万人もいます。YouTubeに進出して人気を得るのは、大きな裾野から選ばれたほんのひと握り。トークの技術だけで比べたら、つけ焼刃でしゃべっている純YouTuberが、芸人さんにかなうわけがありません。ただし、膨大なチャンネル登録者を稼ぐ人気者は、両方のジャンルから登場しているのです。

おそらくそれぞれヒントにするべき、トーク技術が隠れているに違いありません。

そんなYouTuberのトークには、どんな特徴があり、どんな上手さがあるのか迫ってみましょう。

01 HIKARU

ヒカル

ディスりながらも最終的には褒める帝王学的な話術

本来、仕事で使うトークは、制約の中で第三者と会話をしなければなりません（宮業マンはまさにこれです）。それに対してYouTuberは、TVのような制約の中で演じたことがなく、好き勝手にしゃべるだけです。

そんななか、話題性のある動画でおなじみのヒカルさんは、トークが上手いYouTuberの筆頭といえるでしょう。

ヒカルさんは、2013年頃から活動を始めたYouTuberです。

2016年にはチャンネル「ヒカル（Hikaru）」を開設し、年末にはチャンネル登録者数が100万人を達成、現在は410万人を突破した、まさにトップ。

2020年には、お笑い芸人でYouTuberデビューした宮迫博之さんとのコラボレーションで話題を集め、一緒に靴&ファッション通販「ロコンド」のテレビCMに出演しました。

ヒカルさんが提供するのは、テンポのよいトークとともに「催眠術に本当にかかるのか？」などのリアルな実験・体験を検証していくコンテンツです。ロケでは気さくに視聴者とも交流したりしますが、その場のノリでタイミングよく会話を成立させられるのが強みではないでしょうか。

コンテンツの中で、ヒカルさんはわかりやすいテクニックを使います。人や物を最初はディスりながら、そこからだんだんと褒めていく方法です。これは人に好印象を与える話術のひとつで、人を魅了するための典型的な帝王学のテクニック（帝王学は2500年前から伝えられる、リーダーとしての心構えの方法論です）。

最初に恐怖や緊張を与え、最終的に優しく接することで、理論的な振り幅を大きく見せて、相手に安心感を与えるのです。

ヒカルさんが帝王学を学んでいるかどうかは知りませんが、軽妙な話術の中に、さりげなくこのテクニックを入れ込んでいるところは参考になります。

02
KAJISAC
カジサック

気を使わせることのない会話のキャッチボールのプロフェッショナル

営業マンとＹｏｕＴｕｂｅｒの違いは、主役のお客様を気持ちよくさせるＭＣ的な営業マンと、自分が主役のクリエイター的なＹｏｕＴｕｂｅｒの差かもしれません。

クリエイターの難しいところは、自分自身のブランディングをしなければいけないところです。自分のキャラクターを守るために、共演者にマウンティングをしなくてはならない場合があるのです。

お客様のことを立て、気持ちよくさせるのが最終の目的である営業マンと、ＹｏｕＴｕｂｅｒとは根本的に違う存在なのです。

そうしたクリエイターの中でも、いつも相手のことを思いやってしゃべっているのはカジサックさんです。カジサックさんは、ご存じの通り、漫才コンビ『キングコング』

のボケ担当・梶原雄太さんが演じているキャラです。2018年にカジサック名で「カジサックの部屋」（現「カジサック KAJISAC」）を開設し、YouTubeに進出。翌年にはチャンネル登録者数100万人突破を達成しました。

チャンネルでは人気芸人さんやYouTuberとのコラボ、挑戦動画や家族動画など、いろいろなことにチャレンジし、「YouTubeとテレビの架け橋的な存在」として活躍しています。

このカジサックさんのトークはやはり凄い。YouTuberはクリエイターと書きましたが、**カジサックさんは相手に緊張感を与えず、気持ちよさだけを提供する稀有《けう》な方で、さすが「M-1グランプリ」の決勝（07年）まで進んだ芸人さんです。**

舞台の漫才や、バラエティのひな壇で培われたトーク力は、並みのYouTuberでは足元にも及びません。それを自然体でやっているところに、カジサックさんの性格のよさがあらわれているような気がします。

相手に気を使わせることのない会話のキャッチボールは、営業マンも参考になるはずです。

03 HAGICHAN

はぎちゃん

登録者数は少ないもののリアクションのタイミングや相づちの打ち方は勉強になる

カジサックさんと同じくお笑い芸人で、YouTubeで活躍しているのがはぎちゃんです。はぎちゃんも会話能力が高く、どんな人としゃべっても、上手にキャッチボールができるYouTuberです。

はぎちゃんは、もともと「花金バーナード」という漫才コンビでツッコミ担当をしていました。「花金」は2016年に解散してしまいましたが、その後、「フランキー」「シャインハッピー」というコンビを経て、現在はピン芸人として活動しています。

YouTubeチャンネル「はぎちゃんちゃんねる」は、20年現在で登録者数1万人を超えたばかりですが、僕や有名YouTuberの方たちとコラボするコンテンツも多く、ジワリと人気を上げている注目株の人材です（「ラファエルチャンネル」ではサブキャラ的に出演してもらっています）。

このはぎちゃんのしゃべりは、ピンになるまで紆余曲折があったためか、やはり場数を踏んできた実力が感じられます。

どんなペースの相手のトークも邪魔をせず、リアクションを投げ返すタイミングや、合間に入れる相づちの打ち方は、本当に勉強になります。 ＹｏｕＴｕｂｅのコメント欄でも、視聴者のコメントに即レスで突っ込むスピード感と対応力には、さすが芸人さんだなあと感心することも。

しゃべり自体のリズムもよく、相手を立てるという点でも営業マンが参考にするのにぴったりです。若手のお笑い芸人さんは、人気を上げる以前に、まず生き残るのが大変ですから、よほどの研究をしたのではないでしょうか。

はぎちゃんのコンテンツで面白いのは、交友関係が非常に広く、さまざまなＹｏｕＴｕｂｅｒとのコラボ動画や、インスタにはタレントさんや俳優さんとのツーショット写真が多数アップされていること。

こうした相手とも強い信頼関係を築ける、はぎちゃんの性格のよさにも、ぜひ注目してほしいと思います。

04 SHIBATAR・KOREKORE

シバター・コレコレ

強烈な個性を発揮しながら、テンポとリズムのよさで会話を途切れさせない

人気YouTuberには滑舌が悪い人もいるし、メチャクチャ早口の人もいます。中には、何を言っているのか聞き取れない場合さえあります。それでも登録者数が多い彼らのトークには、何か人を惹きつける魅力があるのでしょう。

たとえばシバターさん。悪役YouTuberや炎上系YouTuberとして有名なシバターさんは、2008年ごろからストリーミング配信を開始。その後、ニコニコ生放送やYouTubeで配信を始めました。YouTubeチャンネル『PROWRESTLING SHIBATAR ZZ』は登録者数110万人を記録しています。シバターさんは、過激な動画の投稿を行う「炎上系」と呼ばれていますが、実は、そのコンテツはきちんと段取りを施して制作されています。本当に炎上するハプニング映像を撮ろ

うとしたら、ただの犯罪になってしまうのですが、**シバターさんは、周りに対する気配りが上手。その悪役キャラのつくり方は、まさに名レスラーといえるかもしれません。**

ツイキャスやYouTube、ニコニコ生放送で活動を行っているコレコレさんは、人気のネット配信者&YouTuber。2020年現在、YouTubeの『コレコレチャンネル KoreTube』の登録者数は124万人、ツイキャスのサポーターも33万人を超えています。コレコレさんの持ち味は、特にライブ配信で発揮されますが、**危うさや先の見えない展開が人気の秘密なのでしょう。**

シバターさんやコレコレさんは、決してトークが上手いわけではないのですが、その動画やライブ配信には、相手を引き込む魅力があります。強烈な個性を発揮しながら、テンポやリズムのよさで会話を途切れさせず、視聴者をイライラさせません。また、ゲストとの会話でも、説明を一瞬で理解する、優れた「聞く力」を見せてくれます。ただ、ブランディングのため、相手にプレッシャーを感じさせる帝王学的トークも使うので、営業マンの方向性とは少し毛色が違っています。

それでも、他人との会話を盛り上げる展開と、アドリブでその場を上手くまとめる会話力は参考にするのに好適といえます。

BEST 3

ラファエルが選ぶ
ベスト3

ＹｏｕＴｕｂｅ動画から、トーク向上のヒントが見つかる僕が選んだベスト3

もしあなたが、いつもＹｏｕＴｕｂｅを楽しんでいる視聴者だとしたら、今度はＹｏｕＴｕｂｅｒのしゃべりを研究する分析官になってみてください。

人気ＹｏｕＴｕｂｅｒの動画を観て、「声の張り」「声のボリューム」「話すスピード」「会話の切り返し」「話し方」「聞き方」「表情」「しぐさ」に注目するのです。

評価したら、そこから自分が営業をするときに「マネしたい点」を見つけ出しましょう。ボイスレコーダーやスマホで自分のトークを録音、録画して、同じように分析し、両者を比べてみてもよいと思います。

自分のトークのどんな部分が優れていて何が足りないのかを知ることは、とても有益なはずです。

YouTubeは、素人からプロフェッショナル、エキスパートまで、さまざまな人のしゃべりのサンプルを無料で見ることができます。これを利用しない手はありません。営業マンだけでなく、しゃべる職業すべてに使えるプラットフォームなのです。

もし僕がYouTuberの中で、トークのベスト3を選ぶとしたら、カジサックさん、キングコング西野亮廣さん（「西野亮廣エンタメ研究所ラジオ」）、メンタリストのDaiGoさん（「Mentalist DaiGo」）になります。

基本的な技術だけでなく、この3人に共通するのは、第三者に対する対応能力です。3人は、登場するいろいろなメディアで、誰としゃべっても同じように行動、会話ができています。これは、ほかのどんなYouTuberでもかなわない安定力だと思います。

しかし、営業マンはこうしたしゃべりの達人たちを完コピしただけでは、仕事にはなりません。営業マンの目的は、自分のブランディングではなく、目の前のお客様に気持ちよくなってもらうことがメインだからです。

ぜひYouTubeの動画から、営業トーク向上のヒントを探してください。そして、マネをしてみて、そこから自分オリジナルのトークをつくり出してください。

〝（YouTuberは）あまりトークの技術を
持たなくてもできるのです〟

〝お客様のことを立て、気持ちよくさせるのが
最終の目的である営業マンと、
YouTuberとは根本的に違う存在なのです〟

〝クリエイターの難しいところは、
自分自身のブランディングを
しなければいけないところです〟

〝YouTubeは、
素人からプロフェッショナル、エキスパートまで、
さまざまな人のしゃべりのサンプルを
無料で見ることができます。
これを利用しない手はありません〟

ラファエル式
ビジネス会話講座

VOL.7

～お断り編～

採算が折り合わず
お客様との商談を断る際に
使う言葉

× いや～、その値段じゃ無理っすわ

○ せっかくのお話ですが、
今回はよんどころない事情が
ございまして……。

商談相手の要望が強すぎて、値段が折り合わず断らざるを得ない状況は、決してあり得ない話ではありません。「その条件だとすでに原価を割っていて、弊社の利益がありません！」とはっきり断りたいところですが、ビジネスシーンでは原価をむやみにオープンにしてはならないという暗黙のルールがあります。よんどころない事情、つまり詳しくは言えない事情があるということを先方に伝えるのが、正しい断り方になります。

おわりに

無数にある本の中から、本書をお読みいただきありがとうございました。
ラファエルの半生を綴った『無一文からのドリーム』、ラファエル流のビジネスメソッドを説いた『秒で決めろ！　秒で動け！』に続き、本書で3冊目。『マンガ 無一文からのドリーム』を含めると4冊目になりますね。

今回は「話し方」という普遍的なテーマだったので、僕のファンやビジネスパーソンだけでなく、学生や主婦の方など、もっと幅広い方が手に取ってくれたかもしれません。もしかしたら、本書で初めてラファエルを知ってくれた方もいるかもしれませんね。本当にありがとうございます。改めてお礼を申し上げます。

さて、月並みな表現に「会話は言葉のキャッチボール」というものがありますが、これこそ真理であると僕は思っています。

キャッチボールをすると、あらぬ方向へボールが飛んでしまったり、思いがけず剛速球を投げてしまったり、想定外のアクシデントが起こります。でも、キャッチボールが上手い人は、どんな球でも返球できる技術を持っています。しかも、キャッチボールがマンネリ化したときに、相手がギリギリ受け取れて返球できるような球を投げたりもできます。

ちゃんと返球するには、相手から投げられた球の軌道やスピードを予測して、ボールを確実にキャッチしなければなりません。そして、そのためには球をしっかり見ることが大切です。

会話もまったく同じです。相手の言葉をしっかり聞き取れていないと、言葉を返すことができません。話し方の技術は、聞き方の技術でもあります。話し方に自信がないという人は、まずは聞き方に注意を払ってみてください。

逆もまたしかりで、話し方が下手な人はちゃんと相手が聞き取れる話し方をしていない可能性があります。それこそ相手が聞き取れないような、キャッチボールでいうところの剛速球を投げているのかもしれません。剛速球を投げる人と、キャッチボールをしたいと思いますか？　絶対に思わないでしょう。相手が取れないような球を投げて悦に入っているような人がいたら、めちゃくちゃ痛いですよね。

重要なのは「言葉のコントロール」です。

いい感じの言葉の早さで、いい感じの言葉の返しやすさであれば、相手は話していて楽しくなるものです。そういう人は、人間的にも好かれることでしょう。

人間は一人では生きていけません。必ず誰かとコミュニケーションをとる必要があります。ぜひ、自分の話し方にいま一度注目し、あなたの身の回りの方とより楽しい会話をし、人生を豊かなものにしてもらいたいです。

そして、いつしかみなさんとお会いして、お話ができる日が来ることを心から祈っています！

ラファエル

END CONTENTS

ラファエルが提案！

印象が変わり話し方にも心がこもるビジネスコーデの法則

ビジネスシーンにおいて、いくら話術が優れていても、見た目がだらしなければ成果は上がらない。外見にもこだわりの強いラファエルが、売れっ子になれる着こなし方を伝授します。

相手の褒めポイントになるジャケットの各部の名称は必ず覚えておきたい

ラファエルが提案！

ビジネスパーソンの中にはジャケットにこだわる人が多いので、各部の名称くらいは覚えておきましょう。

仕事の能力には正しい着こなしも含まれる

ラファエルが提案！

スーツはビジネスマンのユニフォーム。自分の体にフィットしたモノを選ぶのが基本ですよ。

coordinate

合わせるシャツは清潔感が肝心です

ラファエルが提案!

shirts

襟や袖、素材など、シャツによってかなり差異があります。清潔感を出すなら、色は白を選びましょう。

白×赤

青×茶

センスが問われるのは
シャツとネクタイの色合わせ

白×青

青×黄

ラファエルが提案！

ネクタイとシャツの組み合わせこそが、スーツスタイルの醍醐味。色使いで表情が変わります。

color coordinate

足元はオシャレの基本！
風格漂う一足を選びたい

シューズが美しいと、スーツの見栄えもよくなります。定期的にメンテナンスをしてください。

shoes

カラーと素材の
統一こそが
小物ワークの大原則

BAG

WATCH

時計選びは値段で決めるものではない

高級な時計をつけると、相手の心証を悪くする場合があります。オーソドックスな物を選びましょう。

watch

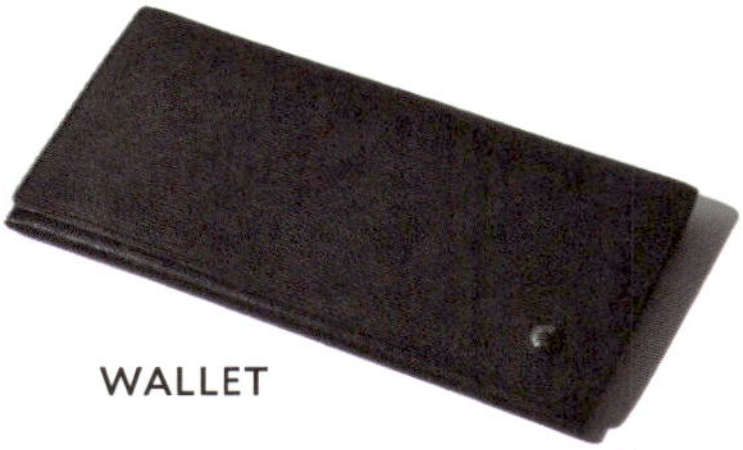

WALLET

BELT

SHOES

バッグや財布、ベルトなどの小物類は、色や素材などすべて揃えるとおしゃれな印象になります。

accessory

ラファエル

YouTuber、実業家。大阪府生まれ。定時制高校を卒業後、パチンコ店に勤務。その後、自衛隊や営業職などを経てYouTuberに転身。自衛隊で鍛え抜かれた肉体、営業職で培ったトーク力とビジネスセンスを武器に、瞬く間に人気YouTuberの仲間入りを果たす。チャンネル名は「ラファエル Raphael」で、登録者数は179万人を超える(2020年12月現在)。著書に『無一文からのドリーム』『秒で決めろ! 秒で動け! ラファエル式秒速タイムマネージメント』(ともに宝島社)がある。

モデルプレス(modelpress)

日本最大級の女性向けエンタメ&ライフスタイルニュース報道メディア。自社で取材、撮影、速報報道を行い、1日約100本のニュースをアプリ、WEBで配信。約50のニュースプラットフォームへもニュース配信している。SNSの拡散力も高く、モデルプレスのアカウントだけで月間約12億インプレッション。SNSフォロワー数約250万人(合算)。ユニークユーザー数は月間約2000万人。国内メディアトップクラスのトラフィックを誇り、読者から支持されている。株式会社ネットネイティブが運営。

出会って1分で好かれる
ラファエル式 最強の話し方

2021年1月28日　第1刷発行

著者　ラファエル
編者　モデルプレス(modelpress)

発行人　蓮見清一
発行所　株式会社 宝島社
〒102-8388
東京都千代田区一番町25番地
電話　編集:03-3239-0928
営業:03-3234-4621
https://tkj.jp

印刷・製本　サンケイ総合印刷株式会社

ISBN 978-4-299-01159-6